生涯咨询"关键点与技巧"99个

李枢 / 著

北森生涯系列丛书

机械工业出版社
CHINA MACHINE PRESS

图书在版编目（CIP）数据

生涯咨询99个关键点与技巧/李枢著 . -- 北京：机械工业出版社，2022.1（2025.1重印）

ISBN 978-7-111-69617-9

I. ①生… II. ①李… III. ①职业选择 - 咨询心理学 IV. ①C913.2

中国版本图书馆 CIP 数据核字（2021）第 238986 号

生涯咨询 99 个关键点与技巧

出版发行：机械工业出版社（北京市西城区百万庄大街 22 号 邮政编码：100037）	
责任编辑：邹慧颖　彭箫	责任校对：殷　虹
印　　刷：北京铭成印刷有限公司	版　次：2025 年 1 月第 1 版第 7 次印刷
开　　本：170mm×230mm　1/16	印　张：19.5
书　　号：ISBN 978-7-111-69617-9	定　价：65.00 元

客服电话：（010）88361066　68326294

版权所有·侵权必究
封底无防伪标均为盗版

推荐序一

李枢老师是我在生涯教育领域的引路人,很荣幸受邀给老师的新书作序。我想或许我可以代表高校中执着于生涯教育的老师们,尤其是听过李枢老师课程后受益匪浅,以至于影响到自己的职业发展的那一拨人。

初识李枢老师是在9年前的一次培训中。李枢老师虽是一名年轻的讲师,但他有着丰富的生涯教育理论知识,讲解时能如数家珍、信手拈来,运用时又不偏不倚、拿捏得当,当时便令我印象深刻。几年后,我在北京的一次工作坊中再次邂逅李老师,我们互加了微信,也才有了后来多次的课程、项目合作和专业探讨。我亦有幸见证李枢老师在生涯教育尤其是生涯咨询领域开疆辟壤、深耕细作的过程,更有幸见证了一名生涯咨询师在助人自助中变得日渐淡然、超然、澄然的历程。

李枢老师的这本新作,读起来引人入胜,但并不轻松。我有一天在地铁里读到"职业价值观的双重属性"这一节,其中提到生涯咨询师对来访者的价值观进行发问,往往是对来访者的拓展和赋能。"不是因为知道了才说,而是因为说了才知道。"盯着文稿,我不由得开始联想到自己当下的几个咨询个案,思绪万千,不知不觉竟然坐过了站。

本书的第一部分展现了生涯咨询的基本范式,李枢老师以平和、质朴的文字娓娓道来,在西方理论和本土实践中来回穿梭,诠释了理论本土化进程中的碰撞与反思,发人深省。生涯咨询的基本逻辑可能在中西方哲学领域有诸多异曲同工之处,但近代以来,西方生涯咨询因其理论、方法和工具体系的完备,成为国内生涯咨询领域的主要指导框架。在阅读本书的过程中,读者能够感受到作者在日常咨询中充分考虑了时间和空间的现实背景,对西方理论与时俱进地进行了反思和修正,用大量的咨询实践提供了本土化的标准,充分体现了一位学者的务实、严谨与使命感。这些都令人肃然起敬。

本书第2、3章则是满满的干货,授人以鱼,也授人以渔。李枢老师分别从咨询的流程、议题、工具等不同的视角,毫无保留地分享了生涯咨询的实操重点、难点、坑点。无论对于咨询新手还是资深的生涯咨询师,这本书都是极好的指南。读毕,我深深感受到李枢老师在日常咨询过程中的双重匠心:一是在咨询理论与技术运用上的娴熟精妙,二是对于咨询事业精益求精的匠人精神。

生涯咨询于来访者而言,可以解决当下的困惑,构建更好的未来;于生涯咨询师而言,可以精进专业,自我成长。目前看来,生涯咨询领域在国内还存在较严重的供需不平衡问题。恰好这本能落地、能走脑、能入心的书,可以在你的助人之路上助你一臂之力。

刘慧

南京大学学生就业指导中心,副研究员

推荐序二

早就听说李枢在写一本名为《生涯咨询99个关键点与技巧》的书，很是期待。我拿到样稿之后迫不及待地看完了，很受启发。生涯领域关于理论的书较多，而系统全面地聚焦于咨询实践的书较少。我一直想编写一本类似的书，系统地整理自己对生涯咨询的理解，从而推动咨询实践，但感觉工程浩大，便迟迟未动。他完成了我一直想做的一件事，让人甚是钦佩。

本书将生涯咨询中常用的方法和技巧进行了系统的梳理，整理成99个知识点。每个知识点之间有严格的区分，且根据生涯咨询的理论和知识结构被划入不同部分和章节，便于读者查找和使用。在学习生涯理论和技术时，一大难点是理论和咨询实践没有充分融合，学习理论之后不知道如何将其应用于实践。本书将每个知识点内容与咨询过程充分结合，详细讲解了在咨询中运用它们的方法，消除了理论和实践之间的壁垒。

全书内容全面，涉及生涯理论、咨询过程与技巧、咨询工具等多个方面，尤其是工具箱部分非常有实用价值。本书一方面可以作为系统学习生涯咨询理论和技术的教材，另一方面也可以作为生涯咨询的一本工具书，方便读者查阅和参考，启发其关于咨询的思路。

时光荏苒，我从事生涯领域工作已将近 20 年。因为与北森结缘，我进入了生涯领域。期待北森专家团队在生涯领域继续开拓创新，多结硕果，促进国内生涯咨询的普及和专业化，也期待北森团队与国内同行之间深入交流切磋，让大家共同成长。

庄明科

2021 年 4 月 2 日于燕园

序　言

职业世界的快速变化和生涯发展的多元化，使生涯咨询与辅导（以下简称为"生涯咨询"）越来越受到重视。高校应届毕业生的就业问题、成人的职业适应和发展、青少年的升学选择等方面的生涯咨询需求旺盛。除了专职的生涯咨询师外，从事高校学生工作的教师、高考志愿规划师、猎头、留学机构顾问、企业人力资源、高中教师等从业人员也越来越需要生涯辅导的知识和技能。

本书尝试对作者在咨询实践和督导中积累的经验进行梳理，对职业辅导（vocational guidance）和生涯咨询（career counseling）的理论、方法、工具进行整合。本书的内容来自作者多年的学习、咨询、督导和教学的实践经验，以及和北森生涯研究院同事们在实务切磋中总结的方法，同时本书广泛收集与整合了生涯领域国内外的经典著作和前沿观点的诸多精华，并尝试对生涯咨询的本土化进行探讨。

为了提高实务上的参考价值，本书以操作步骤、案例、话术等形式，将有代表性的常见困惑和咨询经验凝结成 99 个要点。希望这本书能给有意愿扎根实务的生涯咨询师们以"助人自助"的资粮，希望本书能成为生涯咨询师人手一册的实务工作参考资料。

生涯咨询师在实践中对生涯发展会有更深刻的洞见和思考，在咨访互动中也会有内在成长，进而形成咨询师个人的生涯咨询哲学，成为更成熟的生涯咨询师。在接受督导的过程中，新手生涯咨询师需要关注专业知识的内化，以及咨询流程与工具的掌握两项核心任务。本书从以下三个方面，帮助生涯咨询师提升生涯咨询知识和技能：

第一部分，生涯理论在实务中的应用。这部分对生涯理论在实务中应用的经验做了提炼，对部分经典理论和本土化观点的应用进行了探讨。

第二部分，生涯咨询过程中的操作要点。生涯咨询工作从前期接待到最终结案有诸多关键操作要点，这些细节和技术对咨询顺利推动至关重要。

第三部分，个案推动环节的工具箱。这部分聚焦个案推动环节如何恰当地选择咨询工具，对工具的操作要点、使用话术及注意事项进行了实务经验分享。

作者在本书撰写过程中深感国内生涯咨询实务方面的著作和资料有限，而国外的著作和资料由于跨文化属性、语言理解及翻译方面的问题，对于本土的生涯咨询知识和经验的交流有很大的限制。鉴于生涯咨询的复杂性，本书对咨询和督导经验的整理难以至臻完善，只希望抛砖引玉，期盼各位专家、前辈和同行斧正赐教。

致　谢

　　我有幸在生涯咨询刚被引入国内时加入北森生涯，见证了生涯咨询的种子在国内落地生根的过程。入行时我被充满理想主义精神的"70后"前辈启蒙，随后也有机会在公司承办的全球生涯咨询大会中，与全球顶级的专家们近距离学习交流。回首这十余年的从业经历，直到落笔时才发觉自己有多么幸运。感恩朝晖选择了一份有情怀的事业，道阻且长但初心不改，感恩共事的诸位同人多年来的不辍耕耘。谢谢在本书撰写过程中北森生涯研究院小清的校稿支持，谢谢菲雪在出版过程中的协调工作，谢谢爱民的认可和鼓励。

　　我记得入行时前辈说，生涯咨询的本质是"生命影响生命"。初闻只是觉得这句话听起来很美，直到临近不惑之年，方才品出其中的一点味道来。感谢这些年我遇到过的拥有助人情怀的前辈和同行，是你们生命的光芒让我在疲惫时可以重拾力量，在这条助人自助的路上继续坚定地走下去。谢谢温暖过我或是困扰过我的学员和每一位来访者，谢谢你们将真实的生命体验交付给我，让我如照镜子一般看到了自己的脆弱和局限，并学着如何越来越温暖、真诚和开放。

回顾自己和其他很多生涯咨询师的成长经历，我发觉生涯咨询的确是一件有意义却不容易的事，深感在迷茫中找到生命的方向很不容易，而找到了方向后坚持做"对的事"，更要经历众多考验。其间有即将开展实务工作时的害怕与焦虑，有陪伴着一个个生命突破困境时的喜悦和感动，有生涯咨询师上下求索的困惑与顿悟，遇到坎坷时也有身为助人者的脆弱和挣扎。与这本书结缘的伙伴们，真心希望你们能从中发现生涯咨询的迷人之处和意义所在。我想，也许本书最大的价值是在提醒同路的我们：因为有彼此，做一束照亮别人的微光，不孤独。

目 录

推荐序一
推荐序二
序言
致谢

第一部分　生涯理论在实务中的应用

准备工作
01 区分不同类型理论的应用价值 / 2

第 1 章　霍兰德人格类型论 / 4
02 如何区分爱好与兴趣 / 4
03 兴趣探索的反向应用 / 7
04 兴趣与职业的匹配 / 10
05 兴趣与大学专业的匹配 / 12
06 兴趣探索无效的几种情况 / 14

第 2 章　认知信息加工理论 / 16
07 认知信息加工理论的"整合"特色 / 16
08 自我探索的两个方向 / 20
09 咨询师是否提供职业信息 / 22

| /27 第3章
明尼苏达工作适应论 | 10 理性派和感性派的决策差异　/ 25
11 把握工作适应的两组维度　/ 27
12 盘点工作适应的 4 条出路　/ 31
13 学业适应问题的跨界应用　/ 34 |

| /37 第4章
舒伯生涯发展理论 | 14 发现生命主题中潜藏的自我概念　/ 37
15 生涯发展的时间维度：发展阶段及任务　/ 41
16 生涯发展的空间维度：生涯角色　/ 43 |

| /45 第5章
克朗伯兹社会学习理论 | 17 用学习赋予生涯发展流动性　/ 45
18 从经历中学到什么更重要　/ 48
19 以积极取向看待意外事件　/ 50
20 接纳不确定性和决策风险　/ 53
21 打通选择和成长的 10 步法　/ 55 |

| /58 第6章
生涯咨询的本土化思考 | 22 生涯发展的经济基础　/ 58
23 文化差异下的两种取向　/ 61
24 职业价值观的双重属性　/ 63
25 生涯发展的内因和助缘　/ 67 |

第二部分　生涯咨询过程中的操作要点

准备工作

26 生涯咨询流程 4 步骤　/ 72
27 咨询师的角色定位　/ 75

| /78 第7章
前期接洽 | 28 如何进行市场宣传　/ 78
29 咨询前的接待工作　/ 81 |

30 签订咨询协议 / 85

第 8 章 初始访谈 / 88

31 初始访谈如何开始 / 88
32 如何建立咨访关系 / 91
33 被动咨询的关系建立 / 93
34 网络远程咨询对咨访关系的影响 / 96
35 保密及保密例外原则 / 99
36 信息收集不是对内、对外探索 / 101
37 咨询目标需要咨访双方共同确定 / 105
38 共情在生涯咨询中的价值 / 109
39 改变急于给来访者"出主意"的习惯 / 112

第 9 章 个案推动 / 114

40 咨询方案的理论基础 / 114
41 常见的生涯咨询议题 / 116
42 能力提升类议题 / 119
43 生涯决策类议题 / 122
44 职业定位类议题 / 125
45 生涯平衡类议题 / 129
46 生涯适应类议题 / 132
47 高中选科类议题 / 135

第 10 章 终止跟进 / 140

48 单次咨询结束时要做的几项工作 / 140
49 咨询师在咨询间隔期间要做些什么 / 143
50 再次见面如何开启话题 / 145
51 如何结束个案 / 147
52 转介的几种情况 / 150
53 满意度评价和后期回访 / 154

第11章 职业伦理 / 158

54 生涯咨询中的督导 / 158
55 生涯咨询师的自我接纳 / 160
56 尊重来访者的选择自由 / 162
57 避免双重关系 / 165
58 打破限制性信念 / 167

第三部分 个案推动环节的工具箱

第12章 自我探索类工具 / 170

59 自我探索类工具列表 / 170
60 兴趣划线 / 173
61 六边形自评 / 177
62 社团有约 / 182
63 技能分类卡 / 185
64 成就事件 / 189
65 能力倾向测验 / 191
66 学习风格测验 / 198
67 价值观分类卡 / 201
68 生涯信念梳理 / 204
69 生涯愿景板 / 207
70 蝴蝶大梦 / 209
71 生涯幻游 / 211
72 愿景访谈 / 216
73 生涯自传 / 218
74 生命线 / 220
75 彩虹图 / 222
76 角色饼图 / 225
77 生涯乐谱 / 227

78 测评 / 230

第13章 对外探索类工具 / 232

79 职业兴趣代码分析 / 232
80 就业去向六边形 / 235
81 职业探索三问 / 238
82 升学探索三问 / 242
83 生涯人物访谈 / 246
84 岗位胜任力分析 / 249
85 工作满意度评估 / 252
86 家庭职业图谱 / 255
87 未来名片 / 258

第14章 决策类工具 / 260

88 决策准备度评估 / 260
89 决策平衡单 / 262
90 决策风格测验 / 265

第15章 行动计划类工具 / 268

91 SMART 原则 / 268
92 行动计划公式 / 271

第16章 求职准备类工具 / 275

93 就业和求学月历 / 275
94 求职准备度评估表 / 278
95 就业压力诊断 / 280
96 简历影响力4法则 / 283
97 面试 STAR 法则 / 286
98 自我介绍 / 289
99 模拟面试的可视化技术 / 291

后记 / 294

第一部分

生涯理论在实务中的应用

准备工作

01 区分不同类型理论的应用价值

理论是指一套具有逻辑性的关系或法则、一套可用以解释某些现象的学说。[1]

生涯咨询师每次接到新的个案，都要思考使用什么理论可以为咨询提供最有效的架构。我们经常说理论用于指导实践，而对新手生涯咨询师而言，学习的首选无疑是经典的生涯理论，这些被实践充分检验过的经典理论可以帮助生涯咨询师构建起扎实的知识基础。

生涯咨询的经典理论可以划分为两大类：生涯理论和生涯咨询理论。美国职业心理学委员会（ABPP）对二者进行了区分：生涯理论回答的是知识性问题——咨询师对于某个生涯问题可以知道些什么；生涯咨询理论回答行动性问题——针对这个问题来访者能够做些什么。[2]

大家熟悉的生涯理论包括霍兰德人格类型论（Holland's Personality Types Theory）、舒伯生涯发展理论、明尼苏达工作适应论（Minnesota Theory of Work Adjustment）等，这些理论揭示了生涯发展的一般规律，但没有为生涯咨询提供操作性程序。通过对上述经典理论的学习，咨询师对生涯发展的一般规律会有更深入的理解，但很容易陷入"学习之后不大会用"的实务困扰。因为这些生涯理论需要咨询师将知识内化后，创造性地应用于一对一咨询的工作情境。这个过程需要大量的实务经验总结，很多时候都是咨询师在试错中获得点滴经验的。如果我们能将前辈和同行实践后的经验进行总结和整理，这些宝贵的实践经验无疑将大大提高新手咨询师的成长速度。

和生涯理论不同，生涯咨询理论则进一步阐明了如何将理论用于个体咨询。如认知信息加工理论、克朗伯兹（Krumboltz）社会学习理论等，这些理论的应用更容易"落地"，对生涯咨询的实务工作有着更加明确的指导性。

综上，无论是生涯理论还是生涯咨询理论，都是生涯咨询师专业性的保障。要把书本上学到的知识成功应用于咨询实务，需要大量的思考、实践和总结，这对于新手咨询师来说是个巨大的挑战。本部分将结合实务经验，对若干经典理论的应用要点进行总结，同时也提出了若干本土化的生涯观点。需要说明的是，这些总结是主观建构的，难免有不足之处，希望在此能抛砖引玉，和实务工作者及专家们有更多切磋和探讨。

参考文献

[1] HEINEN J. A primer on psychological theory[J]. The journal of psychology: interdisciplinary and applied, 1985, 119(5), 413-421.

[2] 萨维科斯. 生涯咨询 [M]. 郑世彦，马明伟，郭本禹，译. 重庆：重庆大学出版社，2015.

第1章 霍兰德人格类型论

02 如何区分爱好与兴趣
爱好是具象的活动，兴趣是抽象的特质。

来访者业余时间喜欢打羽毛球，但生涯咨询师很快发现这项活动并不能成为来访者的职业。于是生涯咨询师向督导求助：很多兴趣都无法成为职业，探索它还有什么用呢？

我们在生活语境中是不对"爱好"和"兴趣"这两个词做严格区分的，经常将"兴趣爱好"合起来一并使用。但在生涯咨询中使用霍兰德人格类型论去探索兴趣时，我们要把二者区分清楚：爱好是人们喜欢从事的一项具体活动，比如踢球、看电影、旅行、读书等；兴趣是驱动人们产生这些偏好的人格特质，比如喜欢动手操作、思考探究、追求创意等。简言之，爱好是具象的活动，兴趣是抽象的特质。案例中提及的打羽毛球是爱好，而不是兴趣。

爱好容易改变，比如来访者可能几年前喜欢打羽毛球，但最近不喜欢了。我们发现，支撑来访者喜欢某类活动的心理特质往往是相对稳定的，所以我们会用兴趣帮来访者规划未来。如果形象地描述一下兴趣探索的过程，我们可以这样理解：兴趣探索就是咨询师从来访者的爱好切入，通过专业的方法帮助来访者发现支撑这个爱好的兴趣特质，以便协助来访者进行生涯发展规划。

咨询师：可不可以谈谈你很感兴趣的事情？

来访者：我很喜欢和朋友打扑克牌。

咨询师：可以说说让你感受特别愉快的一次打牌经历吗？

来访者：有，上次我和家人一起打牌，他们的一次失误让我连升三级，那次真是太开心了。

咨询师：你们是怎么聚到一起打牌的？

来访者：我们互相打电话，然后就约去姐姐家了。

咨询师：玩儿的时候是个什么样的场景？

来访者：我们会买很多吃的，边玩儿边交谈，很开心。

咨询师：嗯（点头），那么是什么让你觉得这次打牌的经历特别愉快？只是因为赢了？

来访者：打牌的过程也很开心，大伙儿一起聊天，而且你的一次失误会让别人赢。

咨询师：打牌结束后你们会做什么？

来访者：结束后我们会总结成功的经验或失败的教训（笑）。

……

咨询师：在打牌这个活动上，你发现自己有什么特点吗？

来访者：打牌过后，我会习惯性地总结和复盘。

咨询师：我感觉遇到事情时你喜欢分析思考？

来访者：嗯（点头），有一点。我比较喜欢分析问题，还有找解决办法。

咨询师：你有没有看到你的工作和喜欢分析问题之间的关系？有相似的地方吗？

来访者：看到了，我喜欢和陌生人交谈，获得更多信息，也喜欢和别人一起分析问题，找出解决办法。

…………

在上述对话中，咨询师利用具体化技术，从打牌这项爱好中挖掘出"喜欢分析"的研究型特质，并帮助来访者看到这项特质如何在工作中发挥作用。

综上，爱好往往不能成为职业，但以爱好为线索找到兴趣特质，我们便可以探讨如何匹配到符合兴趣特质的职业，或者在现有工作中更好地发挥兴趣特质中的闪光点，以提升职业的投入度和满意度。

03 兴趣探索的反向应用
没有稳定的兴趣恰恰意味着拥有"选择"的机会。

国外研究者苏珊娜·希迪（Suzanne Hidi）和安·伦宁格（Ann Renninger）在 2006 年提出了兴趣发展 4 阶模型假设，[1]可以作为对兴趣如何培养的有力补充。兴趣发展 4 阶模型如下。

- 触发的情境式兴趣（triggered situational interest）：当事人接触到某个信息，感到惊讶或产生了某种想要了解的兴致。
- 持续的情境式兴趣（maintained situational interest）：当事人因发现有意义或有体验和参与的机会而持续关注。
- 初始的个体兴趣（emerging individual interest）：对某些内容反复投入的心理状态，当事人开始有正向的情绪感受，学习和积累知识，并从中寻找价值感。
- 深度发展的个体兴趣（well-developed individual interest）：其特点是积极的情感，个体对特定的内容有更多的知识储备，且这些知识有更大的储存价值。

从上述兴趣发展阶段中，我们不难发现，兴趣的形成需要时间积累，并逐步趋于稳定。来访者若年纪较小或者没有强化兴趣的机会，就很难形成稳定的兴趣特质，而在对青少年开展的生涯咨询中，咨询师也会经常发现来访者的兴趣不明显。一个没有明显兴趣偏好的来访者，也会面临有时间压力的决策问题，比如高中生面临大学专业的选择、大学生面临转专业的选择等，在这种情况下来访者来不及在培养起稳定兴趣之后再做出决定。那么，霍兰德人格类型论如何用于兴趣不明显的来访者呢？

咨询师可以考虑反向操作：排除来访者特别不感兴趣的事物。

来访者是个乖巧的女孩，从小到大都是妈妈帮她选择报什么补习班、参加哪些课外比赛、选择哪所大学、读什么专业。来访者说："从小到大没有做过自己喜欢的事情，我好像也不知道自己喜欢什么，但我可以把妈妈和老师给我安排的事情做好，最后的结果总还不错。"但她看到周围的同学在上生涯课时都有自己突出的兴趣特质，只有自己没有。来访者想知道：是不是一定要从事自己喜欢的职业？没有特别喜欢的该怎么办？

咨询师通过霍兰德兴趣评估后，发现来访者确实在各方面兴趣特质都不明显。于是，咨询师试着通过排除法帮助来访者进行聚焦。

咨询师：从你的兴趣评估结果来看，你确实没有明显的偏好。在这几种类型中，有没有你特别不喜欢的？

来访者：我特别不喜欢当官，感觉做领导挺累的。我不喜欢影响他人，我觉得大家都可以有各自的观点和想法。

咨询师：听起来你对于影响他人没有什么热情？

来访者：是的。

咨询师：还有其他你不喜欢的职业类型吗？

……

如上述案例所示，排除掉来访者特别不喜欢的职业类型，也可以达到"帮助来访者聚焦未来的发展方向"的目的。换一个视角，以积极取向看待来访者兴趣不明显的状况，这也恰恰意味着来访者拥有"将什么发展为兴趣"的选择权，可以通过日后的尝试和强化培养出稳定的兴趣。

此外，本案的来访者提到的"是不是一定要从事自己喜欢的职业"，也是一个很常见的问题。兴趣只是自我探索的一个维度，来访者也可以选择自己擅长的活动（能力倾向）或内心认为有意义的事物（价值观、生涯愿景）来规划生涯发展方向。所以，兴趣有其重要价值，但兴趣既不是万能的，也不是唯一的生涯发展依据。

参考文献

[1] HIDI S, RENNINGER K A. The four-phase model of interest development[J]. Educational psychologist, 2006, 41(2), 111-127.

04 兴趣与职业的匹配

咨询师了解的职业信息有限，如何帮助来访者探索更多的职业机会呢？

一位寻求职业转型的来访者，辞掉了家人觉得"稳定、有保障"的工作，希望过上"充满热情的生活"。来访者认为自己这几年的工作像是"养老"，一味追求安逸，没有成长。她表示希望找到喜欢的、适合自己的职业方向，并愿意花 1～2 年进行学习或者工作经验积累，"哪怕从基层做起"，转型的决心非常坚定。在做出这个重大决定之前，她对其他行业、职业的了解非常有限，没有明确的职业目标。

基于来访者的需求，咨询师决定先帮助来访者进行霍兰德人格类型探索，她的霍兰德职业代码是 SAR，其中 S 和 A 都很突出。那么，接下来要如何推荐符合其兴趣特质的职业呢？咨询师头脑风暴，给来访者推荐社工、教师、设计类工作……推荐工作这个环节显然受限于咨询师和来访者大脑中的职业信息储备情况。如果咨询师的职业信息储备有限，那么咨询师如何帮助来访者匹配到更多的职业机会呢？

O*NET Online 网站是一个相当知名的职业数据库平台，在搜索引擎中搜索 "O*NET" 即可登录并使用。以上述案例为例，登录数据库后在首页搜索栏中输入 "SAR"，便可以查询到与来访者兴趣相匹配的职业。如果推荐的职业较少，建议根据来访者的兴趣代码继续搜索其他代码组合，诸如"SA""AS""S""A"等多种组合，从推荐的职业中帮助来访者进行职业聚焦和筛选。

该网站是英文网站，如果英文阅读对你而言有一定难度，你可以借助某些浏览器的网页翻译功能（见图 1-1）。虽然该网站是美国的数据库平台，但受经济全球化的影响，数据库中大部分职业信息都具有一定的参考价值。如果来访者对某个职业感兴趣，你也可以点击查询该职业的详细介绍。

快速搜索：
AS

显示 **AS** 的 17 个职业。最接近的匹配项首先显示。

它们如何匹配？	码	占用
	25-3011.00	成人基础教育，成人中等教育和英语作为第二语言教官
	15-1255.01	视频游戏设计师 ☀ 光明前景
	25-1081.00	大专教育教师
	25-1123.00	大专英语语言文学教师
	25-1194.00	职业/技术教育老师，专上教育
	25-2021.00	除特殊教育外的小学教师
	25-2022.00	中学教师，特殊教育和职业/技术教育除外
	25-2031.00	中学教师，特殊教育和职业/技术教育除外
	25-3021.00	自我充实的老师
	25-3041.00	导师
	29-2032.00	诊断医学超声医师
	25-1062.00	大专以上地区、种族和文化研究教师
	25-1125.00	历史老师，专上教育
	25-4012.00	策展人

图 1-1　O*NET Online 网站上兴趣编码为 AS 的职业推荐列表（部分截图）

高质量的职业信息数据库对于生涯咨询工作意义重大，作者期盼国内能早日建成更高质量的数据库平台。

05 兴趣与大学专业的匹配

中国大学生专业类别的兴趣代码，可供选填志愿的高中生和计划转专业的大学生做初步参考。

随着新高考改革的推进，生涯教育近年来开始走进中学校园。如何利用生涯教育的研究成果，为高中生的专业选择、新高考选科提供科学有效的参考依据，是高中班主任、学生家长和校外生涯服务机构的强烈需求。与此同时，高校基于对招生工作的重视，对高中阶段青少年的生涯教育也产生了浓厚的兴趣，很多高校的招生教师希望能有更多的专业支持，以便给高中生们的升学指导提供更科学有效的帮助。

2013年，北森生涯研究院的彭勃启动了一项基础研究：基于大学生霍兰德测评结果的数据分析，对2012年教育部发布的学科分类进行霍兰德人格类型编码，弥补了国内在兴趣代码方面基础研究的空白。

表1-1为中国大学生专业类别职业兴趣代码[一]，可供高中生选填志愿时和大学生计划转专业时做初步参考。

表1-1 中国大学生专业类别职业兴趣代码

学科类别	代码	学科类别	代码	学科类别	代码	学科类别	代码
哲学类	AS	工商管理类	CES	地球物理学类	IR	草业科学类	IRS
中国语言文学类	AS	图书档案学类	CAS	大气科学类	IAS	森林资源类	I

[一] 摘自2012年全球生涯发展大会主论坛北森生涯研究院专题报告之《中国大学生职业测评数据分析报告》。

（续）

学科类别	代码	学科类别	代码	学科类别	代码	学科类别	代码
外国语言文学类	AS	管理科学与工程类	ECR	海洋科学类	IR	环境生态类	IRA
新闻传播类	AS	数学类	IRS	环境科学类	IRS	动物医学类	IRS
艺术类	AS	化学类	IRS	环境与安全类	IRS	基础医学类	ISA
历史学类	ASI	生物科学类	ISA	轻工纺织食品类	IRS	中医学类	ISA
林业工程类	AIR	天文学类	IA	生物工程类	IR	药学类	ISR
经济学类	CES	地质学类	IR	农业工程类	IR	体育学类	RSE
统计学类	CE	地理科学类	ISA	公安技术类	IE	职业技术教育类	RSE
物理学类	RI	能源动力类	RI	武器类	RI	教育学类	SA
力学类	RI	电气信息类	RI	工程力学类	RI	心理学类	SA
电子信息科学类	RI	土建类	RIE	植物生产类	RI	预防医学类	SI
材料科学类	RIE	水利类	RIE	动物生产类	RI	临床医学类	SIA
系统理论类	RI	测绘类	RIA	水产类	RIE	口腔医学类	SIA
地矿类	RI	化工与制药类	RIC	法学类	SA	护理学类	SA
材料类	RI	交通运输类	RIE	马克思主义理论类	SA	公共管理类	SEC
机械类	RI	海洋工程类	RI	社会学类	SA	农业经济管理类	SCE
仪器仪表类	RI	航空航天类	RI	政治学类	SA		

06 兴趣探索无效的几种情况

霍兰德人格类型的匹配对职位的选择有较强的参考性。

以下这几个有代表性的案例,你认为哪个需要用到兴趣探索?

A. 来访者小李的专业背景是会计,目前面临两个工作方向的选择:一是进入企业的财务部,二是进入审计公司做审计。

B. 来访者小刘的专业背景是师范类,目前面临三个选择:一是考公立中学的教师编制,二是进入某中学做代课老师,三是进入培训机构做培训师。

C. 来访者陈先生现在就职的公司平台太小,希望跳槽,得到更好的发展机会,他面临两个选择:一是接受前领导抛出的橄榄枝,去一家体制内的单位做市场总监;二是去另一个猎头推荐的民营企业做市场部副总裁。

D. 来访者小张是国际贸易专业的应届生,求职期间申请了多份工作,她既申请了国际贸易专员、报关员等本专业的对口工作,又不考虑大环境的影响申请了其他方向的工作。最后小张获得了三个职位的录用通知——某公司报关员、某企业行政人员和某企业销售人员,她不知如何选择。

上述案例中的来访者面临的都是生涯选择的议题,但不是每一位来访者都需要做兴趣探索。

第一位来访者面临"财务还是审计"的职业选择,两份工作内容相似度很高,霍兰德主代码都是C。当职业的霍兰德职业代码的差异很小甚至没有差异时，即便咨询师做了兴趣探索，来访者也难以在这些相同代码的职业中聚焦选项。

第二位来访者的教师、培训师的工作内容也极为相似，三种职业的霍兰德职业代码也几乎一致，所以帮助来访者做完兴趣探索也无法支持其做出决定。

第三个案例的这位来访者要选择组织机构，这涉及霍兰德人格类型论的使用边界问题。因为霍兰德及其研究团队是通过对在职人士的访谈对职业进行编码的，所以针对的是兴趣与职业特点之间的匹配关系，而并不涉及组织特点。该案例涉及组织选择，因此兴趣探索很难帮助来访者聚焦选项。

第四个案例的来访者面临报关员、行政和销售三种不同职业的选择，且这三个职业的兴趣代码有明显差异，所以兴趣探索可以帮助来访者缩小选择范围，给来访者提供人才与职位匹配（简称"人职匹配"）的依据。

综合上述分析，第四个案例更适用兴趣探索。前三个案例使用兴趣探索可以帮助来访者更好地了解自己，但很难帮助来访者聚焦选项。

此外，我们在实务中发现，在国内的来访者中，青少年、低年级大学生对于兴趣探索的需求比较强烈，而有多年工作经验的成人来访者往往会将兴趣放在次要位置。因此，咨询师帮助成人来访者用到兴趣探索的概率较低，而会更多地帮助成人进行价值观探索。

第 2 章 认知信息加工理论

07 认知信息加工理论的"整合"特色

生涯辅导的最终目标是拓展当事人的能力，使其成为生涯问题的解决者及决策者。

认知信息加工（cognitive information processing，CIP）理论于20世纪70年代提出，后来佛罗里达州立大学的桑普森（Sampson）、彼得森（Peterson）和里尔登（Reardon）在20世纪90年代做出突破性的发展。在给大学生提供生涯咨询与辅导的一线工作中，几位研究者发现"决策"是来访者最为常见的咨询诉求。基于这一发现，他们以使人们成为熟练的生涯问题解决者和决策者为目标，[1]整合了包括霍兰德人格类型论在内的前人研究成果，提出了很多创新性的工具和问题解决思路。该理论一直在持续地升级并整合其他理论，佛罗里达州立大学官网的 CIP 专题提供了相关资讯。

认知信息加工理论聚焦决策议题，对我们的实务工作有诸多启发。

（1）咨询只是解决问题的方式之一，咨询师要意识到还有其他方式。认知信息加工理论倡导使用信息提供、培训、咨询等多种方式给来访者提供支持，即如果培训更能帮助来访者解决问题，咨询师就会推荐他们参加培训而非一对一咨询。

对于学校或生涯咨询机构而言，不是所有申请咨询的人都要接受一对一咨询。为此，佛罗里达州立大学生涯中心设有前期接待的流程，有专人负责来访者的分流工作，有些申请咨询的人会得到邮件回复，告知其"信息查询的途径"，而有些来访者会被介绍"参加近期的某个小型工作坊或者培训"，这些人将不会进入一对一咨询服务。

（2）认知信息加工理论以"决策"为核心，使用"金字塔模型"对前人的研究成果进行整合。该理论极为重视高质量的信息，这些信息具体包括对内探索获得的"自我知识"和对外探索获得的"职业知识"。

需要强调的是，对职业信息的探索通常不在咨询室内进行，而需要鼓励来访者在咨询间隔期间自主完成。作者在督导过程中发现，部分咨询师会忽视职业信息探索，也有咨询师习惯性地省略职业信息探索环节。这意味着来访者完全依靠自我信息做决策，很容易造成"梦想无法照进现实""选择职业之后发现和想象的不一样"等诸多问题。

（3）认知信息加工理论中的 CASVE 循环⊖在前人研究成果的基础上针对决策的常见问题进行了整合设计。CASVE 循环不仅是生涯咨询的流程，更是一套如何做生涯决策的方法，可以帮助来访者在日后再次遭遇选择问题时自主完成生涯决策。

（4）认知信息加工理论将不合理信念、自我效能感等内容整合进了元认知。需要提醒生涯咨询师注意的是，我们要在胜任能力范围内工作，这是非常重要的职业伦理。对元认知的干预需要生涯咨询师

⊖ 一种职业生涯规划决策技术，包括沟通、分析、综合、评估和执行五个阶段。

具有相关心理咨询的学习和训练经验。

来访者张女士大学毕业就开始从事人力资源管理方面的工作，已有15年的工作经验，目前是公司人才资源经理，工作压力不大，收入也比较令人满意，但她对人力资源管理始终没有特别大的兴趣和热情。2020年突如其来的疫情让张女士开始对自己的竞争力不足感到焦虑，想重新明确未来的发展方向。几年前，她接触并喜欢上心理咨询这个领域，觉得从事心理咨询不仅有意义，而且咨询师这个职业未来不会被人工智能所取代。此次她来寻求咨询，就是想确定是否可以将心理咨询师作为未来的职业。

沟通：从上述案例的背景描述中，可以看到来访者对现状不满，希望借助咨询师的帮助做出改变。决策的诱因是受到疫情影响，引发了内在焦虑。来访者已经准备好了做出决策。

分析：咨询师协助来访者做了自我探索（兴趣、能力、价值观）和对外探索（网络查询和生涯人物访谈，详细了解了心理咨询师的工作内容、薪资待遇、任职资格）。

综合：在咨询师的帮助下，来访者进行自我探索后，发现自己的特质非常适合从事心理咨询行业，也印证了自己之前对该职业的判断，更坚定了自己的想法。但来访者现在能力储备不足，不能胜任心理咨询师的工作，且没有留意相关工作机会。

针对这一问题，咨询师和来访者进行了充分的探讨，咨询师启发来访者考虑"A+B"的过渡性方案，即在本岗位继续工作，给自己

1~2年的准备时间，用以积累心理咨询方面的知识和个案，待时机成熟再完成职业跑道的转换。来访者认同这是目前最为稳妥和理性的做法。

  评估：来访者通过对未来生涯愿景的展望，坚定了从事心理咨询工作的决心，对未来充满期待，觉得干劲十足。

  执行：咨询师帮助来访者厘清了思路，根据个人工作节奏和学习习惯制订了整体规划，对其近半年的学习内容制订了短期成长计划。

参考文献

[1] 奈尔斯. 成人生涯发展：概念、议题及实务 [M]. 彭慧玲，蒋美华，林月顺，译. 新北：心理出版社，2009，121.

08 自我探索的两个方向
生涯咨询不是要把水灌满,而是要把火点燃。

生涯咨询师需要帮助来访者以个人生活经验的持续建构为基础,完成对能力、价值观、兴趣等特质的自我探索。来访者可以通过对现状的评估更好地了解个人的优势劣势、价值标准、职业偏好等,为近期生涯决策提供重要的依据。

上述自我维度的探索可以帮助来访者找到现阶段兴趣范围内的、能力上可胜任的、价值观上认同的职业交集方向(见图2-1)。然而寻找三者的交集是一种理想状况下的假设,在实务中,来访者会面临各种复杂情况,咨询师要根据情况做出专业判断。不是所有来访者都需要做三个维度的探索。

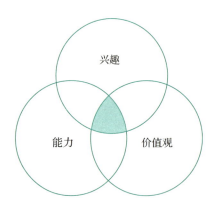

图 2-1　自我探索中兴趣、能力和价值观的关系图

随着国内"慢就业"的社会现象的出现,一些青少年和大学应届毕业生缺乏生涯发展动力的问题逐渐成为社会中热议的话题。在寻

找解决办法的过程中，一类自我探索工具——生涯幻游、愿景板等生涯愿景类技术愈发受到重视。生涯愿景类技术通过引导来访者对未来展开设想，帮助来访者建构自己想成为的样子、希望活出的状态，以唤醒来访者对未来生活的向往和热情，促使其设定生涯目标并思考如何一步步达成心愿。对于以下常见的职业定位类的需求，比如，给高一、高二的青少年做升学规划，为低年级的大学生做毕业后的职业定位，给打算未来完成职业转型的成人做发展性规划等，生涯愿景类技术有很强的赋能作用，对来访者有明显的情绪、情感唤醒功能。

  总之，通过上述两类自我探索工具的整理，不难发现自我探索其实有"实然"和"应然"两种思路：兴趣、能力和价值观更侧重静态探索，是对来访者当下状态的探索，强调立足现实的个人条件，做出理性的生涯选择；生涯愿景类技术更强调对理想自我的探索，帮助来访者放眼未来，并通过成长去触达目标。二者功能各有侧重，在实务中常常组合使用。

09 咨询师是否提供职业信息
授人以鱼，不如授人以渔。

在实务工作中，很多来访者都因为职业信息探索不足而无法做出决策。这个问题在青少年和大学生群体中更为凸显，缺乏高质量的职业信息是十分常见的生涯阻碍因素。

（1）职业探索该由谁来做？是由咨询师搜集信息后告知来访者，还是由来访者自己搜集呢？

根据全球生涯规划师（Global Career Development Facilitator，GCDF）的职业伦理要求，这两种做法都可以，但在实务中我们更倾向于后者，即鼓励来访者自主搜集。

生涯咨询领域的主流观点认为，来访者需要承担个人生涯发展的主体责任，咨询师是支持者和促进者。通俗地讲，咨询师不替来访者解决问题，而是支持来访者自己解决问题。来访者自主搜集职业信息的过程，有助于来访者形成对职业的图式（schema），学会职业探索的方法，这对来访者日后独立解决自己的生涯困惑是有帮助的。咨询师负责搜集信息然后告诉来访者，有可能会更高效快速地帮助来访者解决眼前的问题，但这个过程也使得来访者错过了自主探索和在试错中成长的机会。

基于上述原则，咨询师需要评估来访者的紧迫程度，在快速解决问题和帮助来访者掌握方法之间做出判断。大部分情况下，我们都会鼓励来访者在咨询间隔期间自主完成职业信息探索。

（2）来访者自主搜集职业信息的同时，咨询师需要去做些探索吗？

关于这个问题，目前有两种常见做法供咨询师参考。一种是咨询师利用自己的渠道和资源，和来访者同步进行职业信息搜集，下次见面时与来访者探讨交流。这样咨询师既可以更高效地推动个案进程，又积累了职业信息。另一种是咨询师坚持来访者承担解决个人生涯问题的主体责任，将职业信息的探索工作交给来访者完成。如果来访者探索得不充分，咨询师会继续鼓励来访者做更深入的探索。这两种做法都有各自考量的角度，大家可以选择自己相对更认同的方式。

（3）遇到来访者期待从咨询师处获得职业信息，但咨询师并不了解时，该怎么办？

来访者S带着明确需求前来求助：财务和审计未来5年的发展前景如何？S认为职业生涯咨询师是专家，希望咨询师提供可靠的信息，且语气中带着很强烈的期待。

本案的生涯咨询师感觉到自己被架到了"专家"的位置上，但自己对财务和审计又不了解，于是慌张地说："我给你留个作业，你回去可以上网查询或者找从业者进行采访……"话还没讲完，来访者就打断了咨询师，说："咨询师，我就是搜集不到这个信息才来找你的。"面对来访者的回应，咨询师非常尴尬，临场做了一些应对，但咨询师并不满意自己的表现，也能感受到来访者对此也不满意。

咨询师向督导求助，他想知道以后再遇到这样的问题时该怎么应对。

从案例的描述中，我们能感受到来访者期待得到高质量的职业信息，也能感受到咨询师的尴尬。面对来访者的挑战，咨询师该如何应对呢？

首先，咨询师需要真诚地面对自己，接纳自己不是职业信息方面专家的事实，并真诚地告知来访者，来访者期待得到的职业信息自己并不清楚。

接着，咨询师要告知来访者，自己能提供怎样的帮助，并确认是否要继续咨询：

虽然我无法直接提供你想要的职业信息，但如果你需要，我可以和你一起想想，看接下来怎么能得到你想要的职业信息，比如有哪些可行的探索方法和渠道。不知道你需要这方面的支持吗？

如果来访者觉得不需要，那么咨询师可以结束咨询，建议来访者寻求其他人的帮助；如果来访者表示需要帮助，那么咨询师继续支持来访者梳理对外探索的方式方法即可。

10 理性派和感性派的决策差异
有人习惯于用头脑思考，有人习惯于用心感受。

来访者芳芳是国际政治专业的硕士研究生，她面临两个职业方向的选择，不知如何取舍。一个选择是听从家人的建议考公务员，家人认为公务员工作比较稳定，她在家人的帮助下获得了实习机会，但她觉得这份工作能带给她的成长太少。另一个选择是去国际机构工作，在一个环保类的国际机构实习后，她发现这份工作相对更自由，但面临着明显的未来发展瓶颈和挑战。

因来访者心思细腻且感性，且之前对这两个方向有过系统思考和职业体验，所以在咨询中，当来访者把错综复杂的信息和各种纠结的想法一一呈现给咨询师时，信息量非常大。

- ◆ 芳芳觉得这两份工作对于她而言，在专业背景和个人能力上都是匹配的，她的一系列成绩和实习实践经验确实也印证了这一点。
- ◆ 芳芳的霍兰德类型是SC，对这两份工作而言都是部分匹配的。
- ◆ 咨询师运用价值观分类卡，尝试着帮助来访者澄清她内心到底想要什么。来访者非常理性地选择了"社会地位""有益于社会""归属感""物质保障""发挥专长""个人成长"等职业价值观。
- ◆ 结合上述两个工作方向在决策平衡单上打分，芳芳的两份工作分数相当，各有利弊，她依然无法做出选择。

芳芳表示做完这些探索后依然"没有新的启发",梳理出来的内容"绝大部分她之前都思考过了",她表现得很失落。

接下来,咨询师带领芳芳体验了生涯幻游,而后她睁开眼睛,面露微笑,欣喜异常。她说伴随着咨询师的想象引导,她清晰地看到了未来十年的工作和生活画面,她对这样的工作和生活状态非常满意。芳芳觉得这个工具很"神奇",没想到"居然真的有画面出现",而且她非常喜欢那样的人生状态。于是她确定了发展方向——继续申请其他国际机构的工作机会,尽管有挑战性,但她有信心通过努力来克服困难。

这个案例当中,咨询师使用经典工具"决策平衡单",通过量化打分的方式帮助来访者做出理性选择,但来访者却陷入了"理性分析"的泥潭,被头脑中的各种细节捆绑,似乎越分析越混乱。于是,咨询师转换了方式,使用生涯愿景类工具帮助来访者看到未来生活的画面,进而帮助来访者明确了生涯选择。

我们在实践中印证了荣格提出的决策方面的人格差异,理性和感性的来访者有很大的不同。理性的人行为冷静,关注事情的客观事实,言语平实,遵照逻辑推理,更习惯于基于数据的、逻辑分析的决策工具,比如决策平衡单等。而感性的来访者相对更关注个人感受,态度友善、言语委婉,更容易犹豫和情绪化,倾向于主观想法。对于案例中芳芳这样的来访者,在完成了充分的自我探索和职业探索后,与量化打分和抽象分析相比,我们发现生涯幻游这类有画面感和情感体验的工具往往会起到更好的效果。

第 3 章 明尼苏达工作适应论

11 把握工作适应的两组维度

人们一方面满足工作的要求，另一方面也从工作中获得满足，维持这一过程就是工作适应。[1]

在生涯规划领域，决策一度是研究和应用的核心议题，当大众的目光聚焦在如何做出对的选择时，明尼苏达的几位研究者开始反思一个重要的问题：纵观人的生涯发展历程，到底是选择更重要，还是适应更重要？他们经过研究，旗帜鲜明地提出适应比选择更重要的理论假设，即工作适应论。

工作适应论从组织视角揭示了员工持续留任的规律，但生涯辅导是以来访者为中心的，所以接下来我们从个体视角来看看工作适应论揭示的重要生涯发展规律。工作适应包括工作要求的满足（个人能力－工作要求）和个人需求的满足（个人需要－工作给予）两组适应维度（见图3-1）。工作适应意味着这两组维度中的4个因素达成了平衡，其中任何一个因素发生改变，整个平衡就会被打破，4个因素经过一系列的动态调整再次达到平衡，这个动态过程就是工作适应。[2]

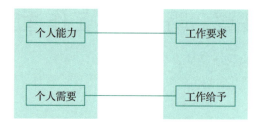

图 3-1　工作适应的两组维度示意图

来访者刘先生毕业于某师范学院化学专业（非师范专业），研究生毕业后在某高中担任化学老师。这两年的高中教师经历让他痛苦不堪，工作非常辛苦且频频受挫，学生调皮捣蛋、不好带，校长经常找他谈话，对他的工作不满意，学生家长要求学校给孩子调换班级……他陷入了深深的自我怀疑，想知道自己如果换一所学校会不会好一点。

咨询师通过来访者的描述，认为来访者出现了职业适应不良，所以借助工作适应论帮助来访者分析现在种种问题背后的原因，并探讨解决方案。

首先，咨询师和刘先生探讨了他的需求在这份工作中是否得到满足。刘先生提到了这份工作的待遇符合期待，且子女可以免试就读这所学校的附小、初中和高中，接受当地最好的基础教育。咨询师问道："这份工作还带给了你什么？"来访者开始有些动情，提到结识了爱人和一群志同道合的教育工作者，周围高手很多，而且不乏愿意为改变教育现状而努力的有识之士。同时他非常认同学校的办学理念和工作氛围，对这份工作他是基本满意的，只是"好像自己配不上这里"。

咨询师顺势和刘先生聊起关于"配不上"的话题：探讨工作能力是否足以让刘先生胜任这份工作。

经过沟通，刘先生做了进一步整合，发现"学生不好带""校长不满意""家长要求换班级"的核心原因是自己"教学能力"有待提升。非师范专业的学业背景使得他教学能力相对薄弱，换一所学校也不能从根本上解决问题，提升教学能力才是治本之道。

刘先生从理性层面认识到了问题所在，并找到了解决方案。但他陷入了自我否定的状态，情绪低迷。咨询师很有经验，请刘先生描述了五件入职以来最有成就感的事情。

通过对成就事件的回忆，刘先生发现自己一路走来，通过努力不断突破自己。比如在学校课程设计比赛中获奖，让一个学生因为他而爱上化学，并在教师节收到了学生写的一张感谢卡……他从自己的工作经验中看到了成长和对这份职业的热爱，他越说越兴奋，音量也变大了。

最后咨询师协助刘先生制订了一份个人成长计划，将提升个人教学能力以匹配工作要求的目标具体落实。

在本案例中，面对来访者出现工作适应不良的种种问题，咨询师帮助来访者聚焦厘清问题：到底是"能力达不到工作要求"（个人能力-工作要求）引发的挫败，还是来访者"想要的东西这份工作给不了"（个人需要-工作给予）引发的不满意，这是明尼苏达工作适应论用来分析职业适应问题的两组维度。通过逐步深入的探讨，来访者慢慢觉察到问题的症结，从"能力达不到工作要求"的角度分析了现实所需的工作要求，进而找到了个人差距，最后制订了个人成长计划。

值得一提的是，明尼苏达工作适应论不仅要求来访者提升"个人能力"或者降低"个人需要"，来访者同样可以根据所在机构和工作性质，向组织提出降低"工作要求"（如降低工作量）或改善"工作给予"（如增加薪资）的诉求，即工作适应两组维度上的4个因素均可调整。

参考文献

[1] 田秀兰. 生涯咨商与辅导：理论与实务[M]. 台北：学富文化事业有限公司，2015：50.

[2] DAWIS R V，LOFQUIST L H. A psychological theory of work adjustment[M]. Minneapolis: University of Minnesota Press，1984，15.

12 盘点工作适应的 4 条出路

如果不知道职业发展的未来在哪儿,可以看看这 4 条路哪条更有可能。

我们把工作适应论切换为工作者视角进行梳理和总结,不难发现工作适应论指出了工作者职业适应的 4 条出路,分别是晋升、转岗、离职和留任(见图 3-2)。

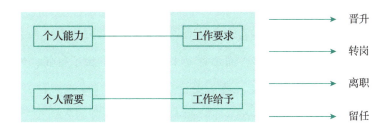

图 3-2　基于工作适应论的生涯咨询思路示意图

如果来访者没有明确的职业目标,咨询师通常会用工作适应论 4 个发展方向和来访者探讨。

- ◆ 晋升:是否有晋升的机会?直属领导的晋升路径是什么?
- ◆ 转岗:组织内是否有转岗的机会?如果有,来访者对哪些工作感兴趣?
- ◆ 离职:如果离职,是否有意向职业?曾经做同样工作的前同事们都在做些什么?
- ◆ 留任:如果留任,最大的不满是什么?现在流行的兼职是否可行?

借此结构化的探讨,再结合来访者同事们的职业去向,帮助来访者构建出职业发展的参照体系，进一步明晰来访者的出路和发展路径。

来访者就职于一家国内新成立的科研机构，有着两年的行政管理工作经历。来访者认为行政管理工作没有技术含量，成长空间受限，且组织新成立导致管理并不规范。她感觉"学不到东西"，萌生了换工作的念头。无奈这个行业太过特殊，离职后无法在行业内找到其他的工作机会。

因为来访者对组织不满意，没有同行业其他机构的工作机会，对现在的职位不认可，所以咨询师帮助来访者很快排除了留任、组织内转岗、晋升3条发展路径，最后来访者决定辞职（跨行跳槽），这意味着来访者同时要改变所在行业、组织和职位。

按照咨询经验，这3个维度改变其中一个相对稳妥，比如行业不变、职位不变，换一家新公司，这种跳槽比较容易实施。改变的维度越多，难度就越大。来访者如果没有其他任何领域的工作经验，以社会招聘形式要直接进入一个陌生的行业、一个新的组织和应聘一个从未做过的职位，则非常有挑战性。经过和来访者沟通后，来访者拒绝从事销售、创业等相对容易获得的工作机会，这使得来访者此次跨行跳槽变得难上加难。

咨询师帮助来访者澄清了现在的处境，来访者理性地看到了面临的挑战，并坚持要换一份自己热爱的工作。在沟通中来访者提到了对新媒体运营工作感兴趣，这符合来访者 AS 的兴趣特质，且来访者通过对新媒体运营从业者的访谈，愈发坚定了自己的选择。

来访者考虑到自己没有专业背景和相关工作经验，在咨询师的启发下，来访者确定了过渡方案：先在组织内争取转岗的机会，积累 1 年左右的新媒体运营工作经验，再完成跨行业的职业跑道转换。

帮助工作适应不良的来访者梳理 4 条常见发展路径，就像给迷路的人展开了一张职业机会地图，可以全面地帮助来访者厘清发展方向，开拓视野。

13 学业适应问题的跨界应用
面对不可改变的外部环境，我们可以选择用不同的态度去面对。

实务专家借鉴了明尼苏达工作适应论的框架，尝试着将其应用到学业适应问题中，获得了一些跨界应用的创新经验。

案例1：小王采纳父母的建议报考了某高校财经类专业，但经过两年的学习和了解，她发现自己并不喜欢这个专业。但小王已经错过了转专业的机会，接下来该怎么办呢？

案例2：黄同学经过刻苦努力，跨院校、跨专业考上了某知名高校的研究生。鲤鱼跃龙门般的喜悦过后，黄同学发现研一的学业压力让她喘不过气。她在本科学校是佼佼者，但入学后发现自己的英语水平、专业课基础都远远落后于其他研究生同学，巨大的学业压力和挫败感压得她痛苦不堪，甚至让她动了想要退学的念头。

上述两个案例都是经典的学业适应问题，我们借鉴一下工作适应论的思考架构，对其在学业场景下做些调整（见图3-3）。

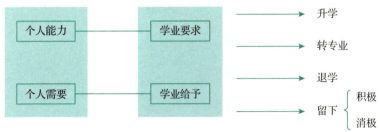

图 3-3 对学业适应问题的咨询思路示意图

在案例 1 中，来访者的主要矛盾来自个人需要和学业给予不匹配，所学专业不是她想要的。

咨询师帮助来访者从适应的最终出路进行探讨，尽管小王无法退学、转专业，但她依然有两个选择——通过跨专业升学来改变未来的发展方向，或者留在本专业中继续学习。

貌似留在本专业是无奈之举，但来访者依然有选择：积极留下和消极留下。积极留下指的是先探索自己喜欢、想要什么，然后可以通过辅修第二专业，参加感兴趣的培训班，考取其他领域资格认证，参加非本专业的实习实践，选修感兴趣的课程等多种渠道的尝试，逐步发现自己的兴趣并积累其他方向的知识和技能，为下一步的生涯转换铺路。

在案例 2 中，来访者的主要压力来自个人能力达不到学业要求，进而引发了巨大的挫败感。

咨询师和来访者探讨了其对本专业与学校满意和认可的程度，然后动用了描述成就事件的策略使来访者发现自己的能力和优势，尤其强调她如何跨校、跨专业考上名校研究生的经历，让来访者理性地看到了自己的学习能力，找回了自信和内心的力量。

来访者自我效能感提升后，咨询师帮助她回归理性，聚焦能力短板，制订了英语、专业课基础知识的学习计划。

上述咨询思路的设计借鉴了明尼苏达工作适应论的理论框架，将其创造性地应用于学业适应的案例中，不得不让人赞叹扎根一线的实务工作者的创造力。

第 4 章 舒伯生涯发展理论

14 发现生命主题中潜藏的自我概念

生活中重要的不是发生在你身上的事,而是你记得什么,以及你如何记得它。

——加西亚·马尔克斯(García Márquez)

严格地说,20世纪初帕森斯(Parsons)提出的职业辅导方法只能被称为指导原则,并不能被称为理论。直到20世纪50年代初,受第二次世界大战后美国军人的就业安置等社会需求和国家政策推动,生涯辅导有了自己的理论。舒伯(Super)就是划时代的先驱人物,他的整合理论带动了生涯研究的热潮,激发了包括霍兰德、克朗伯兹等诸多重要学者陆续提出各自的观点和方法。[1]由此,生涯咨询从职业辅导中分离,并逐步发展出一套新的工作范式。

舒伯认为,职业选择的历程,即自我概念实践的历程。他认为人有一种动力,是不断地理解自我,并在工作中实践自我。在这个过程中来访者需要对个人特质有所理解,同时在现实的职业和社会环境中探索并得到反馈。职业选择的核心不是选一份怎样的工作,而是"我希望成为一个怎样的自己"。

舒伯认为，我们过往人生中体验到的兴趣、能力和价值都是关于"我是谁"的理解，这些会形成我们的生命主题。对生命主题的澄清与理解，可以协助来访者了解其过去的行为模式，也可以解释现在的生涯困境，并为接下来走出困境、继续生涯发展提供指引。

来访者婷婷是某普通本科学校的大三学生，婷婷发现她最初打算应聘小学教师的想法行不通，她因此受到了打击，不知道要不要继续尝试。她通过和老师及师姐的交流，发现"编制基本饱和"，需要"几百个人竞争一个机会"，何况"还要和优秀院校的毕业生竞争，简历直接就会被刷掉，让人连表现的机会都没有"。

咨询师请来访者描述成长经历中的成就事件，婷婷分享了以下几件事。

（1）她高考落榜后，被调剂到现在就读学校的弱势学科专业。她一开学就积极准备转专业，关注意向专业的公众号推送文章，去同步听课，同时认真准备。

但转专业难度非常之高：要参加两个考试，一个是现在就读专业的考试，成绩要进入年级前10%才能获得转专业的机会；与此同时，还要单独准备转专业的选拔考试，上述两个考试都达到要求后才能转。考试前她得知，全专业有一大半的同学都提交了转专业申请，竞争激烈。而且在前两年，全年级也只有一两个人最后转专业成功。

面对重重压力，婷婷没有放弃，经过不懈努力，她最后如愿以偿地转到了意向专业。

（2）大三考教师资格证的经历也让她印象深刻。考试前婷婷生了一场病，导致她距离考试仅剩两周时才开始复习。她不分昼夜地背书，一刻也不敢松懈。但由于时间太紧张了，她实在没信心，想要放弃，后来妈妈鼓励她试试，于是她硬着头皮，努力备考。考试当天烈日当空，因为中午没有地方休息，只能在户外站着等待下午考试，她甚至感觉有些中暑。就在这么艰难的情况下，功夫不负有心人，她考试还是过关了。

（3）她参加了学校合唱团，因为害羞胆怯而一直压抑着想担任独唱的想法。但今年选拔独唱演员时，她出于自我突破的动机主动报了名。可是，这一积极的尝试并没有带来满意的结果，她被音乐老师在考核环节淘汰了。

但她没有放弃，"自己厚着脸皮找老师争取""磨了三四天"，最后老师给了她一个破格的机会。她为了独唱表演而苦练歌曲，说"一首歌从没唱过那么多次"。最后她的演出获得了成功，她感到非常有成就感。

来访者描述了上述三件成就事件后，咨询师对她说："我听到了三个在逆境面前不服输的故事，每一个故事中你的处境都非常艰难，你通过努力和坚持，获得了成功。"反馈后，咨询师询问婷婷如何看待故事中的自己，婷婷认同了咨询师的反馈，说"我就是那种有压力就想要去解决的人"，婷婷认为自己在困难面前不服输，想要证明自己，解决问题的办法就是刻苦和努力。

咨询师试探着问："带着故事中总结到的人生经验，这个'有压力就想要去解决'的婷婷，如今又面临着一个新的逆境——就业压力大和好学校的学生竞争，工作机会有限，你会如何面对这些难题？"

婷婷突然眼眶湿润，有些激动地说："我会尽自己的努力，考一下老城区小学的教师编制。虽然压力很大，但我想拼一把。"

最后来访者决定为小学教师的工作机会拼一把，同时做好两手准备，也会应聘培训机构等，争取其他更容易获得的工作机会作为保底。

在本案例中，咨询师通过几个重要事件帮助来访者看到自己的生命主题——"我就是那种有压力就想要去解决的人"。婷婷发现了过去的行为模式背后隐藏着的"自我概念"，同时总结出过往人生中摆脱逆境的经验。这些真实的经验为婷婷赋能，让她有力量去面对现在的生涯困境，并最终坚定地做出了选择。

参考文献

[1] 金树人. 生涯咨询与辅导 [M]. 北京：高等教育出版社，2007：12.

15 生涯发展的时间维度：发展阶段及任务

倘若人生有四季，春播关乎夏长，秋收关乎冬藏。

就像行业周期的概念揭示了行业发展从初创期到衰退期的一般发展规律，生涯发展也有类似的周期性发展规律，舒伯标注出了生涯变化中的刻度：成长期（growth）、探索期（exploration）、建立期（establishment）、维持期（maintenance）和衰退期（decline）。（见图 4-1）

表 4-1 生涯发展阶段图（萨维科斯和舒伯修订于 1996 年）

阶段	成长期	探索期	建立期	维持期	衰退期
年龄（岁）	0～14（儿童期）	15～24（青年期）	25～44（成年初期）	45～64（成年中期）	65以上（成年晚期）
发展重点	能力、兴趣、态度及自我概念的发展	对自我和工作世界的探索和了解	从工作经验中考虑职业与我的配合	以不同的方法调整工作，维持职业状况与职位	减少工作，退休
发展任务	争取不同的经验自我肯定，建立信心	结晶化（14～18岁）特定化（18～21岁）实践（21～24岁）	稳定巩固	发展新技能	发展非职业性的角色

资料来源：Super, D. E., Savickas, M. L., & Super, C. M. (1996). The life-span, life-space approach to careers. In D. Brown, L. Brooks, & Associates (Eds.), Career choice and development (4th ed., pp. 166-182). San Francisco: Jossey-Bass.

生涯成熟度意味着各个生涯发展阶段的生涯任务完成情况。比如，探索期的任务就是进行自我探索和职业探索，通过不断尝试发现自身的职业偏好，发展一个符合现实的自我概念。有大量的本土咨询案例可以印证这一规律，比如有大量 20 多岁的来访者内心十分迷茫，不知道自己的方向在哪里，未来似乎有很多的可能，但又充满了不确定性。

舒伯对各阶段生涯任务的总结，为咨询实务提供了有力的理论支持。生涯发展每一个阶段都不是孤立存在的，都在为下一个阶段打基础。倘若该阶段生涯任务完成得好，生涯成熟度就高，下一阶段的过渡也会更加顺利，否则就会带来发展阻碍。

来访者28岁，在企业从事人力资源管理工作，负责组织关系和薪酬管理。3年多的人力资源工作经历让来访者没有得到"专业成长"。来访者对工作不满意，同时对未来的发展感到焦虑和迷茫，希望能通过生涯咨询师的帮助找到适合自己的、有发展的职业方向，完成职业转型。

上述案例中描述的需求非常普遍，在成人生涯咨询中，我们经常遇到30岁左右的来访者，他们带来的生涯议题常常是"想确定适合自己的职业方向"。按照生涯发展阶段来看，来访者处于"建立期"的初期，但带来的需求却是上一个阶段"探索期"的议题，即上一阶段未完成的生涯任务阻碍了来访者的生涯阶段的顺利过渡，来访者目前其实是在弥补之前的发展任务。

舒伯对于生涯阶段和发展任务的界定，是咨询师开展咨询的背景。基于对各阶段的生涯发展任务的了解，生涯咨询师拥有了一个宏观视角，可以划分出来访者生涯发展状况的时间坐标：之前阶段与现阶段的生涯发展任务是否完成，以及未来发展要面对些什么。这可以帮助咨询师对来访者及其困惑保持一定的观察距离，使得咨询师不至于一下子就陷入个案细节。

16 生涯发展的空间维度：生涯角色

舒伯认为生涯咨询是这样一个过程，它帮助个体发展并接纳其在工作世界中完整和适当的角色，帮助个体在现实中检验这个角色，并把它转化为现实，满足自己，服务社会。[1]

我们在各个年龄阶段都有各种不同的生涯角色，比如孩子、学生、伴侣、父母、下属、领导……这些角色共同拼成了生涯发展的核心命题：我是谁。

随着生活经验的累积，我们发现了一个基本事实：一个人选择了某个职业，并非仅仅选择了怎么度过上班的 8 小时，而是选择了这个职业带来的一种生活方式。比如，越来越多工作中聊得来的同事会走进我们的生活，成为朋友；我们会不由自主地选择性吸收与工作相关的知识和资讯，慢慢地我们关注外部世界的角度也会发生改变；工作中的各种任务塑造着我们的能力和经验，甚至影响我们的偏好，以至于某个职业做久了会形成一种明显的"职业气质"……

在任何一个生涯发展阶段，各种生涯角色都在切分我们每天的时间及精力投放，这些角色互相影响，也意味着我们肩负着各种各样的职责。工作中的焦虑和压力会被带回生活里，与此同时，生活角色也反过来同样作用于职业的发展。

一位女性来访者，生子后来到工作单位复工。但新的问题让她焦头烂额，她发现精力大不如前，工作效率下降。她无法像之前一样加班，因为需要分出很多精力照顾刚出生的宝宝。宝宝出生后身体发育出现了特殊情况，她需要经常早退或者请假。尽管单位领导很理解她现阶段的难处，也了解她家里的特殊情况，但她觉得这难免会给部门工作带来不良影响。

在成人个案中，生涯咨询师经常会遇到来访者出现角色冲突，比如感觉时间不够用、手上的事忙不过来等。这些都在提示生涯咨询师，要关注来访者的角色分配。在本案例中，来访者的工作者角色和母亲这个生活角色出现了冲突，后者的出现对原有的精力分配产生了影响，其他角色需要让渡出一些时间和精力给"母亲"这个新角色。然而，一天的时间和精力是有限的，来访者的母亲角色除了会占用原来的休闲时间，还需要她从工作者角色中分出一些精力来。

成人生涯发展的议题，经常没有标准答案和是非对错，只有个体基于自身处境的取舍与平衡。我们打算对不同角色投入多少生命资源，就是在为生涯"做"规划。生涯角色的相互影响，本质是我们选择在不同角色上投放多少时间和精力。简言之，生涯规划也就是时间管理，而时间管理无法脱离对生涯角色的精力分配。

参考文献

[1] 萨维科斯. 生涯咨询 [M]. 郑世彦，马明伟，郭本禹，译. 重庆：重庆大学出版社，2015.

第 5 章　克朗伯兹社会学习理论

17　用学习赋予生涯发展流动性

职业选择是每个人一生中一连串学习经验的结果。

——克朗伯兹

克朗伯兹社会学习理论（social learning theory）自 20 世纪 70 年代被提出，历经 90 年代的两次升级，将学习作为生涯发展的核心一以贯之。

社会学习理论认为从婴儿到成人的学习经验（工具性学习经验和联结性学习经验）系统地塑造了我们的态度、标准、偏好及行为。这个过程是在两个因素的基础上逐渐形成的，分别是内部的遗传和特殊能力因素，以及外部的环境情况和事件影响因素。从 70 年代的研究结果来看，社会学习理论解构了人的特质的稳定性，认为特质是可以培养和改变的——兴趣可以培养，性格可以完善，技能可以提升，价值观可以塑造，驱动上述改变的就是学习。

来访者丽丽是一位普通本科院校大三的同学，她学的是小语种专业，家人希望她到国外继续进修语言学，毕业后回国做一名小语种教师。来访者和家人讨论后，也理性地觉得这是一个非常稳妥和务实的选择。但来访者心中有另一个梦想，在校学习期间她对商法很感兴趣，她希望能去国外深造并从事商法相关工作，她非常不甘心就这样从事一份并不热爱的职业。

丽丽心有不甘，于是详细咨询了留学机构和师兄师姐，发现该小语种国家的法学专业入学考试难、毕业难。她也找来国外的法典阅读，发现海量的专有词汇，让她头皮发麻，那一刻她发现自己"本科学的只是些皮毛"。

在上述个案中，来访者面临"适合"和"想要"之间的冲突。按照生涯领域经典的特质因素论的观点，咨询师可以通过"知彼知己，决策行动"的思路，帮助来访者理性地探索，最终实现人职匹配，即合适的人做合适的事。而社会学习理论给出了另一种思路，社会学习理论认为现在不匹配并不意味着未来不匹配。来访者丽丽的不适合只是当下的状态，并不代表未来的可能性。人的偏好、行为、能力等都是可以通过学习不断改变的。所以社会学习理论更看重来访者的发展意愿，主张积极行动，通过学习达成生涯目标，最终创造幸福的生活。

一位大二物理学专业的男生，热衷于观察和反思社会的不良现象，在他一番针砭时弊后，咨询师探问："除了吐槽，如果能给这些社会问题带来些改善，你觉得还可以做些什么？"男生想了想，说希望将来能成为教育部部长，这样就可以推动社会进步。

咨询师没有选择让来访者仅仅针对现实做理性认知，而是支持来访者为了梦想做积极尝试。咨询师认为，比梦想本身更为珍贵的是追梦的过程。这个男生年纪尚小，还有试错的机会。在追逐梦想的过程中，他的能力在提升，视野也会越来越开阔，就像我们很多人小时候都想当科学家，虽然我们中的大多数最终没能成为科学家，但这个过程中的点滴积累成就了我们今天的职业生涯。一个年轻人为了内心的愿景而努力，哪怕最终没能实现梦想，在生命绽放的过程中积累起来的见识和才干，对于他接下来的生涯发展也必将大有裨益。

理性决策一度是生涯咨询决策类议题的重要取向，而随着后物质主义时代的到来，人的发展有了更多可能，社会舆论对于梦想愈发推崇。社会学习理论突破了静态匹配的局限，以学习为核心，提出了一个面向未来的更具流动性的咨询思路。

18 从经历中学到什么更重要

人们每一分钟都在做"有关他们经验到,以及他们如何解读这些经验"的选择。

——克朗伯兹与海德森

生涯咨询师的工作就是以来访者过往的学习经验为基础,帮助来访者创造新的学习经验。然而当咨询师对来访者过往的学习经历一无所知时,就需要在面谈时对来访者过往的经历及重要生涯事件进行访谈。

客观事物或者生活事件一旦经过大脑的加工,便形成了主观事实并存储在记忆里,因而学习是一个非常主观的过程。聆听来访者经历了什么很重要,关注来访者从经历中学到什么更加重要。来访者的学习经验会塑造来访者的自我观察和世界观,最终形成了自己的生涯路径(career path)。社会学习理论提醒咨询师关注来访者的主观经验,重视来访者对于经历的总结和反思,帮助来访者探索从经历中学习到了什么。

来访者是家里的长女,小时候被寄养在外公外婆家,而弟弟跟在父母身边生活。童年的经历让她感觉到自己被忽略了,她发现如果"把事情做到最好"就能引起父母的注意和喜爱。所以,她争取每次考试都考第一名,打扫卫生时要把家里收拾得一尘不染……她在各个能想到的方面做到优秀,她用这样的方式引起父母的关注,希望被父母看到。而做到最好的背后是无声的抗争和对父母偏心的不满:我非要做出个样子来给你们看看!

　　来访者在咨询中惊讶地发现在工作中她也是这样的,小时候从生活中学到的经验几乎复制到了工作领域里。她不知道怎么和领导相处,她的关系处理原则就是不让领导操心,把自己手上的工作做到最好。看着其他同事和领导交流时经常有说有笑,她觉得既失落又有点嫉妒,于是会默默地努力把工作做到更好,希望能得到领导的认可。她发现和领导的关系并没有期待中的那么近,自己对领导也时有不满,会埋怨领导处事不公,偏袒其他同事。

　　来访者通过对成长经历的梳理,认识到了自己"和权威互动"的经验是如何习得的。人在刚出生的时候不知道如何评判自己,我们常通过他人的反馈得知对自己的评价。和外界互动的过程就是学习经验获得的过程,从婴儿到成人的一系列学习经验最终系统地塑造了我们的态度、标准、偏好及行为。

　　和本案例中的来访者类似,很多成长在双职工家庭的人都有小时候被寄养在长辈家的经历,但大家从这样的经历中学习到的主观经验并不相同,来访者最终学习到的经验是极具个人化的。当咨询师和来访者一起沉潜到记忆里,将这些散落的人生碎片重新拾起,仔细端详便会发现:比起经历,从经历中学到什么更重要。

19 以积极取向看待意外事件
与其等待机遇的垂青,不如创造幸运的可能。

社会学习理论的最近一次重大进展,是在20世纪末发展出了非预期的生涯机会的概念。[1] 每个人在生涯发展历程中都有可能遇到意外事件,其发生本不在规划之中,却对我们的生涯发展方向起到了至关重要的作用,克朗伯兹称之为偶发事件(happenstance events)。

人们常说"计划赶不上变化",那么人的生涯可以规划吗?

气象学中的蝴蝶模型揭示了,一个微小的改变会对结果造成巨大影响,而生涯发展也有蝴蝶模型:蝴蝶的左半边翅膀代表人们对未来的规划,通过付诸实践和不断努力,目标大概率会得以实现;右半边翅膀代表意外和变化等不可控因素带来的影响,即偶发事件(见图 5-1)。

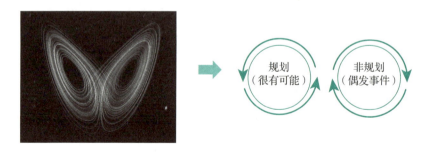

图 5-1 生涯发展中的蝴蝶模型示意图

来访者是一名高二的理科生,在学校组织的暑期企业参观活动中,无意间接触到了电台主持人这份工作,这次职业见习和体验让他对该职业充满了向往,立志将来成为一名电台主持人。生涯目标的确定，使得他的学习动力明显提升，最后通过努力，他的成绩提高了50分，他如愿地考取了某传媒大学。

暑期企业参观的偶然经历就是一次蝴蝶模型右半边的偶发事件，并且对来访者的生涯发展产生了重大影响。当然，偶发事件也并非都是正向的，还包括负向事件。

某大学应届生因外出且手机没电，错过了一场重要的面试，同班好友和辅导员分散各处寻找，但没有联络上他。于是，这位同学和某知名银行的职位失之交臂。

此外，负向事件也包括不可抗力所致的黑天鹅事件，让生涯发展路线越出规划范围。帮助来访者看到生命故事中的偶发事件是十分常见且必要的步骤，人们有能力应对偶发事件并从中获益。克朗伯兹鼓励人们以积极取向看待意外，接纳变化并从中看到机会。

突如其来的疫情给传统培训行业带来了致命的冲击，有的培训公司积极应对挑战，快速调整策略以满足市场需要，迅速完成了线上化的转型。上述所有改变都需要培训师对产品进行敏捷研发和线上交付来最终实现，所以这既是行业和组织应对危机的蜕变，也是培训师遇到的偶发事件。

总之，蝴蝶的两只翅膀代表着生涯发展中可控与不可控的部分，对传统特质因素论主导的生涯咨询理念而言,"偶发事件"的概念是一种重要的补充,提示我们要正视并接纳生涯发展的不可控性。基于蝴蝶模型的"小改变带来大影响"的启示,克朗伯兹提出了"给自己创造幸运的机会"这一生涯主张,倡导主动地为自己的生涯目标做点小尝试。尽管未来的际遇不可知,但我们可以选择主动地为未来播下希望的种子。

参考文献

[1] MITCHELL K E,LEVIN A S,KRUMBLLTZ J D,et al. Planned happenstance:constructing unexpected career opportunities[J]. Journal of counseling and development,1999,77(2):115-124.

20 接纳不确定性和决策风险

生涯咨询师能在来访者的犹豫不决中见到智慧,他们可以教导来访者对非预期的机会保持开放。

我们无法回避生涯发展的基本事实——所有的决策都伴随着风险,未来无法准确预测。面对日新月异的外在环境,做出一个对的决策变得愈发困难,我们需要做的是开放心胸,注重终身学习,努力提升生涯适应力。

小张是一个谨慎小心、心思细腻的人,很容易设想未来的种种灾难性结果,做事犹豫不决。在和小张工作的过程中,咨询师发现小张容易看到各个选择带来的风险,继而被焦虑和恐惧困在原地,无法做出决策和行动。咨询师试图选择认知信息加工理论帮助来访者做出一个理性的决策,引导来访者探索信息并综合分析,来访者为此花了很多时间和精力,但指向未来的职业信息(哪个行业更有前途之类)存在种种不确定和未知。小张说,这些理性的探索让他有些"火上浇油"的感觉,小张觉得咨询师没能帮到自己。

和小张一样,谨慎小心的来访者大都有类似的情况:基于对风险的考量而否定现有的每一条生涯路径。咨询师的常见做法之一是对其生涯信念进行干预,但这需要心理咨询的基础。倘若咨询师没有心理咨询的受训经历,则需要从其他生涯理论中拓展咨询思路,克朗伯兹社会学习理论就是一个好的选择。

克朗伯兹认为在选择繁多、职场变化太快和未来不可预期的时代背景下，来访者做不出决定是可以理解的，迷茫、纠结和犹豫不决都是正常反应，这不是来访者的错误。社会学习理论倡导的终身学习推翻了"做出一个对的决策"的传统咨询目标：做出某一个决策并不是终点，只是下一段新生活的起点，决策后适应、调整或修订之前做过的决定等都是很正常的表现。社会学习理论倡导开放心胸，接纳生涯发展中不可控的部分，并主张合理看待生涯决策——生涯目标确定之后依然是可以修订的，而且常常需要根据新的情势来不断优化调整。

为了更好地协助来访者接纳变化，降低焦虑感，社会学习理论有以下四个法宝可以帮助来访者应对未来的不确定性。

（1）尽量寻找来访者调整目标的过往经验，以来访者亲身经历帮助其开放心胸，接纳风险的存在，看到自己问题解决和适应变化的能力。

（2）将决策当作阶段性的生涯目标，合理看待一次决策对生涯发展的影响。

（3）尝试帮来访者确定到底想要什么，找到内心的渴望可以很好地抵抗外部环境变化带来的焦虑。

（4）小行动带来大改变，鼓励来访者用积极的态度尝试降低焦虑水平，为未来创造的机会。

21 打通选择和成长的 10 步法

> 生涯咨询的目标,在于帮助来访者提升技能、培养兴趣、坚定信念、提高个人价值感、养成良好的工作习惯并形成良好的个人素质。期待每一个来访者能够在快速变迁的社会中,创造出幸福美满的生活。[1]
>
> ——克朗伯兹

社会学习理论认为,对于想努力过上更满意生活的来访者,生涯咨询师扮演着教练、教育家、倡导者及指导者的角色,咨访关系是富有弹性且系统化的。[1] 社会学习理论对咨询师的角色持非常开放的态度,生涯咨询师可以是多种角色,运用对来访者指导、教学等方式进行干预。常用的方法如提供给来访者学职信息,教授其职业信息查询的方式方法,倡导开放的生涯观等。

社会学习理论的咨询流程从早期的 DECIDES 模型㊀升级到了后来的 10 步法,以帮助来访者适应变化。10 步法将选择和成长融合,打通了生涯发展的核心议题。因个案的情况不可能一成不变,咨询师不能按部就班,灵活运用 10 步法,能够帮助来访者创造更满意的生活。[1] 下面举一案例。

来访者是一位就读于普通本科院校管理类专业的大三女生,面临着毕业之后择业的选择,目前希望能先确定适合的发展方向,并了解

㊀ DECIDES 模型,将决策分为 7 个步骤,分别是:定义问题、澄清价值观、确认选项、收集信息、系统地剔除选项、建立行动计划。

一下在暑期可以做哪些准备。

咨询师请来访者回顾成长中的重大生涯事件，重点询问了她的兴趣所在。在众多事件中，来访者特别有兴致地提到了曾独自承担迎新晚会演员化妆的工作，这件事让她非常得意，来访者描述细节时神采飞扬。同时，她提到了有看时尚杂志的爱好，喜欢琢磨和研究杂志上的明星和模特的妆容。来访者说自己在这方面有天赋，可以轻松模仿出看到的妆容。

去年来访者无意间看到了一则化妆造型方面的比赛广告，她一时激动报了名。这次意外的经历让她收获很大，不但取得了一个奖项，还遇到了一位非常投缘且令她钦佩的前辈。她主动结识并认前辈做了师父，跟随前辈以进一步学习化妆技艺。

鉴于来访者在这方面非常有热情，咨询师和来访者探讨将化妆师作为工作方向之一的可能性，并评估以其现有能力从事该职业还要做哪些自我提升。来访者对自己的短板做了梳理，通过头脑风暴找到了提升和改进的方向。

正聊得兴头十足之时，来访者话锋一转，提到了父亲对自己有期待：父亲希望她考公务员，有一个稳定的工作。来访者认为家里供她读书，培养了她这么多年，她不想辜负家人的期待。

面对家人期待和内心热爱之间的矛盾，来访者和咨询师商量出一个两全的阶段性解决方案：先全力准备公务员考试，如果考上就兼职做化妆师；如果考不上，再和家人商量做全职化妆师一事。来访者如释重负，非常开心地制订了后续计划。

以上述个案为例，图 5-2 展示了对 10 步法的运用。

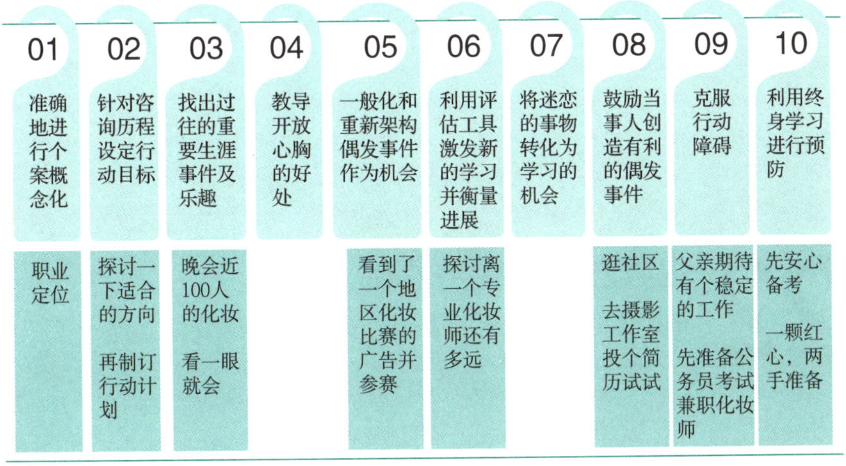

01	02	03	04	05	06	07	08	09	10
准确地进行个案概念化	针对咨询历程设定行动目标	找出过往的重要生涯事件及乐趣	教导开放心胸的好处	一般化和重新架构偶发事件作为机会	利用评估工具激发新的学习并衡量进展	将迷恋的事物转化为学习的机会	鼓励当事人创造有利的偶发事件	克服行动障碍	利用终身学习进行预防
职业定位	探讨一下适合的方向 再制订行动计划	晚会近100人的化妆 看一眼就会		看到了一个地区化妆比赛的广告并参赛	探讨离一个专业化妆师还有多远		逛社区 去摄影工作室投个简历试试	父亲期待有个稳定的工作 先准备公务员考试兼职化妆师	先安心备考 一颗红心，两手准备

图 5-2 社会学习理论咨询 10 步法示意图

综上，10 步法易于掌握和操作，对于职业定位、个人能力提升等生涯议题很适用，为咨询师提供了一套兼具流动性视角和赋能功能的咨询操作步骤。

参考文献

[1] SPENCER G N. Adult career development：concepts，issues and practices[M]. 3rd ed. Broken Arrow：Natl Career Development Assn，2002.

第 6 章　生涯咨询的本土化思考

22　生涯发展的经济基础
重视生涯发展的经济基础，关注时代的变量。

生涯咨询在第二次世界大战后蓬勃发展，因为舒伯等众多学者的理论研究推动了生涯咨询方式方法的重大升级，生涯咨询成了咨询心理学的重要分支。生涯咨询融合了大量心理咨询的理念及技术，更加注重咨访关系和来访者的主观生涯，使得生涯咨询工作的专业性得到了显著提升。

然而，这也给实务工作者带来了新的问题。和心理咨询不同的是，生涯咨询无法只在来访者心理层面工作。例如，生涯咨询需要帮助来访者在做完自我探索后进行人职匹配，这需要和社会需求对接，帮助来访者在职业情境中实现生涯发展。在生涯咨询被纳入咨询心理学之后，研究者们更加注重主观生涯的研究和对工作世界宏观趋势的分析，而生涯咨询师在其理论的指导下也缺乏对微观的职业知识的储备和重视，因此近年来在职业探索方面少有有效工具。国内相关研究的情况更加不容乐观，我们目前没有可用于生涯咨询的职业信息数据库查询平台，也缺乏职业的霍兰德职业代码等基础研究，甚至对不同院校各个学科的职业去向调查也缺乏有效途径。在高中生选择大学专业、大学应届生确定就业去向、在职人士职业转型等常见需求上，除了学职平台以外，开发出更多满足来访者需要的职业探索工具，从业者们依然任重道远。

个体的生涯发展是建立在经济基础上的"上层建筑"，国民经济、产业结构、行业周期和地缘关系等众多社会经济因素是生涯发展的基础。生涯咨询师在相关知识领域的积累，对生涯咨询具有非常重要的实务价值。

举例而言，在参与亚太生涯学会的交流中，我国台湾地区生涯咨询师发现，近些年产业外移导致岛内经济持续低迷，年轻人就业机会减少，使得其生涯发展受阻。我国澳门地区的高中生涯教师发现，有1/3的高中生选择留在澳门本地升学，他们基本确定了将来留在澳门当公务员或从事旅游业的工作，所以不大需要生涯规划，而选择去国内其他地方读书的孩子对生涯规划有更强烈的需求。

2019年我国第二产业（工业）占国内生产总值比重为39%，第三产业（服务业）占国内生产总值比重为54%。我们拥有世界上最全的工业产业链，这不但意味着我国职业发展机会广泛地分布在工业领域，而且工业现代化也会带来与之匹配的职业价值观，如重视标准化、科技理性等。此外，国有企业是国民经济的重要支柱，国有企业有十分鲜明的组织文化特点，这些会对来访者的职业选择和生涯适应产生重要的影响。对比2019年美国的经济发展情况，美国第二产业占国内生产总值比重为11%，第二产业占国内生产总值比重为81%。经济周期和产业结构等职业信息，不仅意味着就业机会，也深刻地影响民众的职业价值取向。近几年，美国生涯专家基于本国经济现状及文化特点，提出了"无边界生涯""零工经济"等以个体为核心的新兴生涯发展模式，这些生涯发展的新理念非常符合高端服务业和互联网等产业结构的特点，得到了业界的推崇，相关著作也迅速被翻译成中文版。然而，生涯实务工作者需要理性地借鉴。由于我国的产业结构中第二产业占比近40%，且影响国计民生的行业大都属于国有性质，在这些极具中国特色的经济底层结构之上，能否用上述新兴观点当作普遍规律，作为生涯咨询的基本假设？能否将其运用为指导学生的就业理念？这都需要生涯工作者更为审慎地判断。

当下，中国社会正处在剧烈变化之中，我们更加清醒地看到了东西方的差异。生涯发展需要符合社会经济发展的特点，这是生涯咨询理论本土化的重要保障，生涯咨询师比以往任何时候更需要对经济发展情况保持高度关注。

伴随着国内坚定地加快构建完整的内需体系，推动核心科技创新和产业升级等诸多重大国家政策陆续出台，产业互联网、5G、生命科学、新能源、石墨烯、空间技术和量子计算等领域备受期待。随着区域全面经济伙伴关系（RCEP）的启动，中国开启了国际经贸重大变局的一个实验田和模板，我国将逐渐转向产业链上端，部分劳动力密集产业向国外转移，中国庞大的消费市场将带动区域经济一体化的发展。

在国内外环境发生显著变化的大背景下，如何看到并把握住变革中的职业机遇，这既是来访者发展个体生涯的底色，也是生涯咨询师专业提升的新方向。

23 文化差异下的两种取向

生涯咨询的本土化，需要咨询师觉察并超越文化差异。

从传统的特质因素论到后现代生涯建构理论，西方生涯发展理念长久以来重视自我意识的觉察、开展与实现，这种文化思维模式主张生涯发展以自我为焦点，在生涯实践中将适性扬才作为基本原则。近年来，我们吸取西方生涯发展理念的精华，推出了国内高校的生涯规划教育和新高考改革的自主选科等举措，尊重个体多元化发展，鼓励当事人在生涯发展中发挥更大的自主性。我们也在大众媒体和学校教学中看到"我的人生我做主""过自己想过的生活""勇敢做自己""学会驾驭自己的生涯"等价值主张，以更通俗的方式传递上述生涯发展理念。

但与此同时，生涯发展还有更具中国传统特色的理念在民间广泛流行，形成了另外一种很具代表性的生涯发展模式。

小王当年大学毕业时，他看准了读书所在地作为西部重点城市的发展机遇，毕业后选择留在读书所在地工作。基于自身的学历背景，他选择工作时通过对该城市发展布局的研究，决定绕开竞争激烈的老城区，选定了高新科技园区，并在区内某中学任教，原因是这里的中小学很少，人才竞争压力小，更容易获得发展机会。

3年下来，如他所判断的一样，高新科技园区不断发展成熟，因大量的高科技人才家庭的子女入学需要，他所在学校先后建立了多所分校。他因为工作能力出色，高质量完成了领导布置的多项工作，很快获得了晋升机会。

本案例和"以自我为焦点"的生涯发展模式不同，案例中的生涯发展模式将焦点放在外部环境上，强调把握机遇并积极适应环境。生涯发展并非完全取决于能力或者偏好等个人因素，在上述案例中，当事人就借助了区域经济和行业上升期的势能。在行业朝阳期进入某个新兴分工协作体系，从而获得了远高于社会平均水平的收益，这样的案例不胜枚举。

这种对外部环境的关注在我们的历史文化传统中有一定基础。儒家文化主张个体的行为需要以家族、社会和文化的大局为重，因此个体的生涯发展的需要往往要基于国家、组织的发展，生涯选择要顾及家庭的利益，即在整体中找到个体的位置，并勇于担当、积极适应。个体的生涯要在一个大的系统中找到机会并审时度势地发展，这种儒家文化下的生涯发展思路更强调系统观，在当下的社会生活中依然广泛存在。常见的生涯观点包括"齐家治国平天下""我是一块砖，哪里需要哪里搬""顺势而为"等。

在新冠疫情期间，我们看到了东西方文化差异下的民众选择。西方文化以自我为焦点的观念渗透在社会生活的方方面面，在生涯发展中逐渐形成了由自身内部向外关照的取向（inside-out perspective）。我们的文化传统注重系统和关系，强调由外部向内关照的取向（outside-in perspective）。在全球化的时代背景下，这两种本来自成体系的生涯发展取向如今相遇并相互碰撞，而这种碰撞必然会给我们带来新的时代议题。

在生涯咨询中，咨询师也需要关注本土特点，在西学中用的过程中明晰咨询假设的边界，以更加开放和接纳的心态在咨询伦理范围内提供帮助。

24 职业价值观的双重属性
愿：生涯终得双全法，不负如来不负卿。

近年来，随着国内中产阶级家庭越来越多，很多"00后"的年轻人终于不必像前辈一样迫于生计就业。伴随时代的进步，生涯工作者也遇到了诸如"慢就业"等新议题：如何帮助在物质富足的时代背景中长大的年轻人找到生涯发展的动力？探索这一议题是这个时代交给生涯工作者的使命。

生涯规划需要回答"生命资源要如何投放"这一既宏大又具体的问题。在过往国内外专家的研究中，以职业兴趣、职业使命感、工作意义、主观幸福感、生涯建构为方向的众多研究，都尝试解释并提出解决方案。整合部分研究结果，并结合生涯咨询的实务工作后，我们不难发现，有关生命资源如何投放的探讨，会触及人们对于好与坏、值得与否的判断标准，使得这种探讨无法脱离对职业价值观的探究。

职业价值观经常被定义为"劳动者能从职业中得到什么"，比如薪资收入、稳定的状态、工作家庭平衡、平等的机会等，强调劳动者的个体利益最大化。例如，在咨询实务中我们常常发现来访者会选择"生命安全""工作与生活平衡""晋升空间"等不同的职业价值取向。

然而，"劳动者能从职业中得到什么"聚焦在自我的维度，只是职业价值观的组成部分之一，并非全部。例如，疫情期间让我们动容的快递员、逆行的白衣天使等，他们体现出来的职业价值观显然不是"我从职业中能得到什么"，而是"我能带给这个世界什么"。这是职业价值观的社会价值属性，即每个人都借由职业对世界和他人产生影响。

因此，职业价值观具有双重属性：个体利益＋社会价值。

在企业管理领域，越来越多的公司将"客户成功"作为企业文化，企业家发现只有为客户持续提供高价值，帮助客户获得成功，公司才能得以良好发展。同样，个体的生涯发展能够持续地为社会创造价值，也是在社会分工中获得回报和收益的基础条件。

职业价值观的双重属性是普遍的，国内的质性研究揭示了中国大学生具有"为社会创造价值""提高行业的世界竞争力""改变令人担忧的社会现状"等社会促进取向的职业价值观。[1]

在生涯咨询中运用职业价值观的双重属性时，二者的占比会因行业特点和时期动态变化。对于一般性的经济领域，我们倡导兼顾个体利益和社会价值，在助力社会进步和个体幸福之间寻求平衡。

在实务中，生涯咨询会遇到这样的尴尬，来访者面对自己选出来的价值观的词条，缺乏内心的触动和认同，导致本来该为人生指明方向的职业价值观无法为其生涯发展赋能。解决上述问题的办法有很多，在实务中咨询师与来访者不仅要探讨"我能从工作中得到什么"，还要探讨工作的社会价值，以增强工作认同感和工作意义，起到为来访者的生涯发展赋能的作用。

（1）我们帮助一个要考公务员的同学，在价值观探讨环节，探索她"自己想要什么"：工作稳定，公司离家近，工作的社会评价高，压力小等，这些属于"我能从职业中得到什么"。

同时我们针对社会价值进行发问："设想一下，你的工作会给这个城市和民众带来什么？这个城市会因为你的努力，变得有什么不同?"来访者会被这样的问题带领到另一个思考空间,看到自己对他人和社会的影响和价值,也会对这份工作有更多的认同。

(2)针对成人,咨询师要有力发问:"假使有一天你离开了这个岗位,回首这段职业经历时,是什么会让你觉得这些年过得值得?"

咨询师得到的来访者的答案包括"学生成长或成功了""对他人有帮助"等。来访者在说出这些答案时饱含情感,咨询师能明显感受到内心的触动。来访者反馈这个活动提升了他对职业的认同感。

(3)将职业的社会价值放入生涯人物访谈:请生涯人物增加职业的社会价值部分的分享,最好用故事和具体事例描述。

例如,来访者访谈某知名日化企业的工作人员。来访者讲述了该企业的产品如何从精心研发到运输,最后送达山区的每一个孩子手里,改善了贫困地区孩子们的生活品质。这段描述让来访者更加清楚自己加入企业之后"能给这个世界带来什么",对这份职业有了更多向往。这就是职业的社会价值能提升来访者职业认同和生涯动力的体现。

在对职业的社会价值进行发问时,很多来访者都反馈:回答之前并没想过这样的问题。在个案推动过程中,来访者们一个个触碰内心的瞬间,印证了咨询中前辈们常说的:不是因为知道了才说,而是因为说了才知道。这些问题,打开了来访者思考和梳理的开关,通过对这些问题的思考和回答,赋能已经悄悄发生。

在物质匮乏年代成长起来的前辈通过拼搏奋斗,实现了生活条件改善的愿望,为子女创造了更有保障的物质生活。那么当面对这些没有物质匮乏感的年轻人时,咨询师该用什么引领他们的人生?生活变好了,理应离幸福更近了,那这些年轻人幸福的支点在哪里?这些重要的问题目前都还没有特别清晰的答案。

或许,经济腾飞让这个时代的物质发展先于我们的心灵,在一个个充满困惑的个案中,迷茫和慌乱的又岂止是年轻人。每个个案都是一滴水,折射着这个时代的光。如果我们可以帮助越来越多的个体找到心灵的安放地,我想这些重要问题的答案也就明晰了吧。

无论如何,个人的成功和幸福是不能以损害他人、透支未来作为代价的,那么个人如何在自己的幸福和世界更美好之间寻求到平衡?对职业的社会价值的探索,或许是解决上述问题的途径之一。

参考文献

[1] 金盛华,李雪. 大学生职业价值观:手段与目的 [J]. 心理学报,2005,37(5):650-657.

25 生涯发展的内因和助缘
单因不成果，单缘不成事。

经济快速发展带来了更多的工作机会，"只要努力就一定能成功"的生涯信念十分普遍，导致很多来访者出现了心理弹性不足引发的生涯阻碍。生涯发展系统其实包含外部要素与个人要素（见图6-1）。

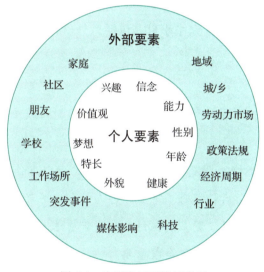

图6-1　生涯发展系统示意图

在2016年教育部举办的工作坊中，金树人分享了"因缘果"的本土化生涯咨询理论。古人通过对社会生活的观察和总结，提出了"内因+助缘"才能产生"结果"的观点。反观"只要努力，就一定能成功"的生涯信念，它夸大了个人努力（内因）对生涯的影响，忽略了时代发展的势能（助缘）和职业机会（助缘）的重要性。

"因缘果"的观点阐释了生涯发展是由"内因+助缘"共同作用

的基本事实。如果将内因比作种子，助缘就是土壤、水分、温度、阳光等外部支持系统，因缘具足方能生根、发芽、开花、结果。在生涯发展中，内因强调尽人事，而助缘则强调成功是需要外部条件的。我们可以尝试改变助缘，比如孟母三迁中对于社区人文环境的调整，但同时还要接纳有些外部条件（如时机）是不可控的现实。

金树人提出，生涯咨询师要鼓励来访者保持乐观、开放、弹性、适应、自省、好奇的生涯态度，接纳生涯发展中的不可控部分，认真对待生命中的大小事件（包括意外事件），对未来持积极开放的心态。

来访者就职于某私企，从毕业就在该公司做行政工作，今年已经是第4个年头。

她考虑过跳槽，朋友去年也帮忙介绍过一个工作机会，但对方公司要了她的简历后就没有了下文。咨询师和来访者对"朋友介绍工作"这个意外事件做了更多的探讨，来访者总结出一条经验：当机会来敲门时，如何能把握住机会很重要。

咨询师帮助来访者梳理自己的优势和能力特点，借由兴趣探索发掘职业方向，制订了提升能力的成长计划（内因），来访者觉得和同行交流可以开拓视野并扩大人际圈子（助缘）。咨询师鼓励来访者保持开放的心态，积极关注未来的发展机会（助缘）。

来访者在结束时表示内心更坚定了，会更加努力地提升自己，这样当机会到来时才能更好地把握住。

生涯发展可以视为一个由内因和外缘组成的系统，各个因素都有其不可或缺的功能和作用。生涯咨询师支持来访者看到可以掌控的部分从而积极尝试和准备，接纳不可控的部分从而保持应对意外的心理弹性，最终支持来访者有意识、有意义地活出个人独一无二的生命故事。

第二部分

生涯咨询过程中的操作要点

准备工作

26 生涯咨询流程 4 步骤

助人过程包括让来访者"沉下去"了解自己,然后"浮出来"融入世界,以使来访者能够更好地应对困难。[1]

从帕森斯提出职业辅导的 3 原则开始,到 1939 年威廉姆斯(Williams)才系统地整理出职业生涯咨询的 6 步骤,包括分析、综合、诊断、预断、咨询和追踪。经过后续的不断探讨与实践,生涯咨询流程也出现了不同版本,其中包括咨询范式由强指导式到非指导式的重大转变。

本书尝试着结合实务经验,将生涯咨询流程整合为:前期接洽、初始访谈、个案推动和终止跟进 4 个步骤(见图 1)。

图 1　生涯咨询流程图

前期接洽

在和来访者咨询之前,咨询师需要通过市场宣传让需要帮助的人了解并愿意求助，来访者有意向后会咨询价格等相关问题。前期接洽工作最好由助理或者秘书负责，包括市场宣传、前期接待、收集信息、签订协议等工作。

初始访谈

和来访者开始咨询时，咨询师需要营造利于咨询开展的氛围，建立良好的咨访关系。来访者大多没有接受生涯咨询的经验，所以咨询师需要和来访者明确咨询的原则，进一步澄清来访者遇到的生涯困惑，进一步判断其困惑是否属于生涯咨询范畴并在咨询师能力范围内。

如果确定可以帮助到来访者，咨询师则要进一步收集和来访者生涯困惑有关的信息，然后达成彼此认同的咨询目标。咨询师需要根据咨询目标，进行个案概念化并出具咨询方案，将上述内容以清晰、便于理解的方式告知来访者。来访者对接下来咨询师打算如何帮助自己拥有知情权。尤其是收费个案中，咨询方案的复杂程度涉及咨询次数，会最终影响到咨询费用，咨询费用是来访者要评估是否接受帮助的重要现实因素。所以，当咨询师将咨询方案设计完成后，需要将方案的主要内容言简意赅地介绍给来访者，确保来访者理解并做出判断。

个案推动

咨询师按照咨询方案推动个案进程，并根据具体情况及时进行调整。有专家将这一过程命名为评估、干预，这两个词带有明显的心理治疗色彩。考虑到国内的生涯咨询以短程咨询、解决具体生涯问题为主（生涯咨询师遇到心理咨询议题可以转介，并不要求生涯咨询师具备心理咨询的能力），且咨访关系的性质和医患关系也有很大的不同，因此本书使用"个案推动"一词概括这一环节。个案推动的过程也可以通俗地理解为促进来访者解决问题的过程。在生涯咨询的个案推动环节，咨询师通常要帮助来访者对内探索，沉下心来了解未知的自己，对自己有所觉察和顿悟。咨询师同样需要帮助采访者对外探索，获取职业信息，在真实的职业发展变化中找寻机会并发展自己的生涯。咨询师在上述工作基础上，根据咨询目标进一步促进来访者探索生涯的定位、决策、适应、平衡、成长等议题。

伴随着困惑的解决，来访者通常自然会采取行动，但来访者也可能不知道用什么方法去改变，或者因较大的困难（如家人反对等）而产生畏难情绪，这些会阻碍来访者采取行动。因此，生涯咨询师会帮助来访者一起面对困难，制订可实施的行动计划。

终止跟进

生涯咨询的收尾有结束和转介两种常见的方式。案例结束后咨询师需要及时复盘和总结，如果遇到了问题要及时寻求督导，这样更有利于咨询师的快速成长。

此外，咨询机构也常常会邀请来访者对咨询师进行满意度评价，部分机构和咨询师也会在咨询结束一段时间（如几个月）之后对客户进行回访。

参考文献

[1] CARKHUFF R R. Human and helping relations : a primer for lay and professional helpers [M]. New York：Holt, Rinehart and Winston, 1969, 12.

27 咨询师的角色定位

咨询是两个人一起为了其中一个人探索并寻找意义的过程。

——彼得·布里斯基（Peter Birski）

生涯咨询的早期工作模式是强指导式的，1950年之后深受卡尔·罗杰斯（Carl Rogers）的非指导式咨询影响，生涯咨询师的角色定位因此发生了大逆转，不再是强指导式的权威或专家角色，转而强调以来访者为中心，且更注重咨访关系。

在和来访者缔结的工作同盟中，生涯咨询师的角色定位以"促进者"为基础，必要时适当地提供信息或分享个人经验。所谓促进者，类似于助产师——利用专业技能帮助孕妇顺利生产，而不能替代其生产——解决生涯问题的主体是来访者，咨询师在旁辅助以促进问题的顺利解决。有关促进者角色，下面这则故事十分贴切地做了诠释。

有一天柏拉图问自己的老师苏格拉底：什么是爱情？

苏格拉底并没有正面回答，而是把他带到了麦田旁边，让他在这片麦田里摘一个最大最饱满的麦穗回来，但有两个要求——只能摘一次，且不能走回头路。

结果柏拉图两手空空地走出了麦田。苏格拉底问其缘由，柏拉图说：我一直不确定看上的这个是不是最好的，总认为前面还有更好的，结果发现后面看到的还不如之前的好，所以最后什么也没有摘到。

苏格拉底笑着说：这就是所谓的爱情。

如果将故事中摘麦穗的行为当作一种隐喻，其实它更像是我们的人生选择。在选择时，我们会发觉未来充满未知，而人生无法重来。故事中苏格拉底的这种教学方式就是促进者的工作方式：面对包括生涯选择在内的重大人生议题，咨询师无法提供一个标准答案，而是需要通过咨询方案的设计和引导，鼓励来访者自己探索并寻找意义。咨询师在其中扮演的角色，不是一个传统意义上提供问题答案的专家，而是一个促进者。以生涯决策类问题为例，咨询师在个案推动的一些环节中的定位如表1所示。

通过表1不难发现，在对外探索和行动计划两个环节，咨询师的定位相对多元化，以促进者为主，必要时和来访者交流方法或提供具体信息。但在自我探索和决策环节，生涯咨询师采取非指导式的方式，引发来访者的自我发现和顿悟。

表1 咨询师的角色定位

个案推动	咨询师的角色定位		
	指导性 弱——→强		
	促进者	告知方式方法	提供结果或答案
自我探索	✓		
对外探索	✓	✓	✓
生涯决策	✓		
行动计划	✓	✓	

有一位大三的来访者纠结是否要升学深造，想了解学校对本专业保研的要求。

咨询师对该同学所在专业的保研信息有所了解，但考虑来访者的需求并不急迫，于是没有直接告知信息，而是和来访者进行头脑风暴，一起思考获得相关信息的途径，并鼓励来访者接下来自主探索。

结果来访者不但自己探索到了升学的数据，而且在和学长、老师的交流中，得到了很多意外收获，感到非常赋能。

上面的案例中，咨询师本来可以直接提供保研信息，但他选择了促进者角色——和来访者进行头脑风暴，鼓励来访者自主探索，和来访者沟通探索到的内容……这显然需要花费更多的时间和精力。咨询师这种"揣着明白装糊涂"并不是在为难来访者，而是有更温暖的善意。咨询师希望来访者不仅能解决眼前的问题，还能在自主尝试中学会方式方法，为日后自主解决类似的生涯问题积累经验。

在100多年的生涯辅导实践中，生涯咨询师不断地思考并实践：什么样的帮助才是对来访者更好的帮助？在不断地总结经验教训中，生涯辅导者由最初的指导者角色向促进者角色转变。越来越多的助人者认同：有效的助人过程是"助人自助"，即帮助来访者自我成长，以便日后来访者能自主地解决其生涯问题，而非每次都需要求助咨询师。

第 7 章 前期接洽

28 如何进行市场宣传

来访者接触到市场宣传的文章或资料，就是建立咨访关系的开始。

在生涯咨询工作正式开展之前，咨询师需要明确要为哪些人群提供帮助，以及如何让他们知道并愿意主动寻求帮助。这些工作属于市场宣传的范畴，也是现阶段咨询师、咨询机构和高校遇到的共同难题。如何让有需要的来访者知道并预约，大家目前都在积极地探索中，常用的方法包括以下两种。

- ◆ 收费咨询师：选择和有案源的机构合作；通过自媒体和其他有影响力的媒体平台发表专业类文章、出版图书，以增加对受众的影响力；通过老客户的口碑推荐等。
- ◆ 高校咨询中心：相对常见的是在生涯规划课上进行宣传，介绍一对一咨询的报名方式；在公众号发咨询师的案例分享、来访者的咨询心得，后面附上生涯咨询的报名链接。

此外，为了保护咨询师和来访者的利益，促进生涯咨询行业的健康发展，市场宣传也需要遵守相应的伦理规范和法律要求。

2018年，中国心理学会颁布的《中国心理学会临床与咨询心理学工作伦理守则》（第二版）中对心理咨询师的市场宣传行为做了相关要求，可供我们借鉴。

- 心理师应与拟合作媒体就如何保护寻求专业服务者个人隐私商讨保密事宜，包括保密限制条件以及对寻求专业服务者信息的备案、利用、销毁等，并将有关设置告知寻求专业服务者，并告知其媒体传播后可能带来的影响，由其决定是否同意在媒体上进行自我暴露、是否签署相关协议。
- 心理师通过（电台、电视、出版物、网络等）公众媒体从事课程、讲座、演示等专业活动或以专业身份提供解释、分析、评论、干预时，应尊重事实，基于专业文献和实践发表言论，言行皆应遵循专业伦理规范，避免伤害寻求专业服务者，防止误导大众。

此外，在《全球生涯规划师的职业道德规范》中，对生涯规划师的市场宣传做了如下要求。

- 永远不要夸大其词，宣称自己拥有超过这些范围的资历。如果发现别的规划师错误地使用了自己的资格和权限的时候，有责任提醒他们改正行为。
- 生涯规划师利用课堂教学、公共演讲、演示、文章、电视及广播节目或其他任何媒体形式来提供的服务内容，都必须遵循生涯规划师的道德规范。
- 在和来访者建立起的帮助关系中，生涯规划师对来访者的隐私和个人信息必须要严格保密。

除了伦理要求，2018 年修订的《中华人民共和国广告法》则明确规定：

- 第四条　广告不得含有虚假或者引人误解的内容，不得欺骗、误导消费者。广告主应当对广告内容的真实性负责。
- 第九条第三项　广告不得使用"国家级""最高级""最佳"等用语。
- 第二十四条第三项　教育、培训广告不得利用科研单位、学术机构、教育机构、行业协会、专业人士、受益者的名义或者形象作推荐、证明。

29 咨询前的接待工作

接待人员的专业亲和、咨询空间的布置陈设合理等诸多细节，都是来访者判断这个机构或咨询师是否值得信任的参考依据。

很多来访者对咨询机构、咨询师第一印象来自接待工作，此时来访者内心中会做出评估，以确认这个机构、咨询师是否值得托付。从咨询机构、咨询师的角度，做好前期接洽工作除了市场宣传，还包括但不限于以下常见内容（见图 7-1）。

图 7-1　生涯咨询流程图中的步骤 1

◆ 信息收集：为了帮助咨询师设计咨询方案，提高咨询的效率，在前期接待时我们一般会以书面表格的形式（详见表 7-1）收集来访者的学业、职业、家庭等相关信息，在来访者申请咨询时填写表格并提交。同时，咨询机构、咨询师可以利用这些信息和来访者交流面临的生涯问题，判断是否属于生涯咨询的范畴。因来访者不了解生涯咨询的工作范畴和方式，常常提出各种各样的困惑和需求,需要我们厘清哪些是我们能帮到来访者的。常见的生涯问题类型参见本书第 9 章,此不赘述。

◆ 签订咨询协议:基于以上内容,协助来访者确定咨询师,签订咨询协议,并根据来访者和咨询师的时间安排,确定第一次咨询的时间。

表 7-1 生涯咨询申请表样例

你好,感谢你选择我们的生涯咨询服务。

　　生涯咨询师在面谈前需要了解你的经历,以便更好地进行咨询方案的准备,这样可以避免在不必要的问题上花费太多时间。请完成下面信息的填写并发送 E-mail 回复给咨询中心。对你的任何个人信息我们将恪守保密原则,未经本人同意不透漏给第三方,但以下两种情况例外:
(1) 如果个人对其本人或他人的生命或人身安全形成威胁;
(2) 如果个人触犯国家法律,对其不法行为咨询师有责任接受司法部门的询问。

姓名＿＿＿＿＿＿＿＿ 性别＿＿＿＿＿＿＿＿ 年龄＿＿＿＿＿＿＿
籍贯＿＿＿＿＿＿ 工作单位或所在院系＿＿＿＿＿＿＿＿＿＿＿＿
专业或职业＿＿＿＿＿＿＿＿ 联系电话:＿＿＿＿＿＿＿＿＿＿＿
E-mail＿＿＿＿＿＿＿＿＿＿＿＿＿＿＿＿＿＿＿＿＿＿＿＿＿＿
之前是否进行过职业生涯咨询:＿＿＿＿＿＿＿＿＿＿＿＿＿＿＿
如果是,解决的问题是＿＿＿＿＿＿＿＿＿＿＿＿＿＿＿＿＿＿＿
是否接受过心理治疗或咨询:＿＿＿＿＿＿＿ 如果是,解决的心理议题是:＿＿＿＿＿＿＿＿＿＿＿＿＿＿＿＿＿＿＿＿＿＿＿＿＿＿＿。

　　家庭描述:请尽量详细描述你的家庭(包括成长地、父母的情况、父母对你的期望、兄弟姐妹的情况、家庭对你的影响等)。

（续）

教育及培训经历（请填写从大学至今的学历、学校、专业、担任的职务、时间等）。

工作或兼职经历（请填写工作或兼职过的单位和在同一单位的岗位变化）。

关于此次咨询，你有哪些希望解决的困惑？

之前你寻求过哪些人或者机构的帮助？

对此次生涯咨询，你有哪些期待？

前期接待有两种常见形式：

第一种是有专员负责接待。

◆ 咨询机构一般都有接待人员负责处理所有商务事宜，如为来访者推荐合适的咨询师、签咨询协议、做满意度评估等，这样的设置可以避免咨询师陷入谈价格等双重身份困境。

◆ 国外也有高校会设置接待人员，以美国佛罗里达州立大学为例，生涯中心设有专门的接待人员负责接待并收集学生信息，通过测验对来访者的生涯问题进行分类，并对来访者进行分流。有些生涯问题无须咨询，比如学生想迅速了解某职业信息，接待人员会直接告知查询途径，不会进入咨询程序。

第二种是客户自助式接待。

◆ 因编制有限，国内很多高校无法设置专人负责接待工作，因此高校在实际工作摸索出了另一个行之有效的办法：学校将咨询师信息在网络平台上进行公示，学生根据咨询师的介绍文字和时间表，自助预约咨询师。

◆ 北森生涯每月的公益咨询，就吸纳了高校的经验：申请公益咨询的大学生可以在预约平台上自助选择，咨询师在后台可以查看预约者提交的基本信息和咨询问题，判断是否接单。来访者人数达到咨询师设定的接单量，系统就会自动关闭该咨询师的预约界面。

30 签订咨询协议

当来访者选定了咨询师,并且咨询师同意接案后,通常会在来访者付款前签订一份咨询协议(见表7-2)。咨询协议对咨访双方的"权责利"进行约定,一式两份,包含咨询的次数、费用、时长、咨访关系等。

如果生涯咨询的次数无法确定,通常需要咨询师根据经验给出可能的次数范围,或者注明"由咨询师在第一次正式咨询详细了解情况后再确定"。

发生以下两种情况,咨询协议的签署则需要做出灵活调整。

◆ 部分机构没有前期接待环节,咨询协议则由咨询师和来访者在第一次咨询时,确定咨询方案后签订。

◆ 高校生涯咨询中心给本校学生开展免费咨询,可以不签署咨询协议,但最终还需要视具体情况及学校要求而定。

表7-2 职业生涯咨询服务协议样例

首先非常感谢您的信任,选择_____(以下称"乙方")提供的职业生涯咨询服务,请您(以下称"客户")仔细阅读以下全部条款内容。

本服务协议条款依据《中华人民共和国合同法》及其他相关法律规定,本着诚实信用和平等自愿的原则,经双方友好协商,一致同意就职业生涯咨询服务内容达成以下协议,由双方共同遵守。

（续）

1. 在职业生涯咨询服务过程中，乙方为客户提供专业的咨询服务；咨询助理会在整个过程中提供支持，包括：向客户发送咨询信息收集表、服务协议，为客户提供咨询时间预约、咨询中回访、咨询投诉处理等服务。若客户对咨询服务有更多需求，请及时与咨询助理联系。

2. 咨询的次数和具体时间安排由乙方和客户共同约定。咨询服务按次计费，费用为：_____。

3. 职业生涯咨询为个人职业生涯发展方面的重要探索，因此客户需要本着为自身负责的态度认真投入、积极配合乙方的工作，保证提供的个人资料或信息真实有效。

4. 为保证客户在咨询时的良好状态，确保咨询质量，每次咨询前请客户不要饮用浓茶、咖啡、酒等对神经系统具有刺激性的物质，也不要过于疲惫。

5. 每次咨询请客户提前10分钟做好准备，如果在未提前通知的情况下迟到，乙方将不相应延长咨询时间。

6. 客户如果需要临时取消已经预约好的咨询，必须至少提前1日通过电话或邮件方式通知乙方，咨询当天不能取消预约。若无故不到，乙方将按放弃咨询处理，不予退还本次费用。乙方如果需要改变咨询时间，至少提前1日与客户协商。非人为事件（如疾病、车祸等）除外。

7. 为保证咨询效果，每次咨询时长为1小时左右，一般不超过2小时。由乙方负责提醒客户时间，超过时间10分钟以上，则按两次咨询计费；超过时间小于10分钟，不追加费用。

8. 购买咨询服务后客户必须在2个月内开启咨询服务，若暂无咨询需求，咨询助理将为客户办理退款。

9. 当客户感到乙方不能帮助到客户的问题解决或者对于乙方的专业处理等有质疑时，为保障客户的利益，客户可以及时与咨询助理联系，咨询助理会根据客户的具体情况帮客户处理。申请需要在咨询结束2日内提出。客户可以申请免费更换咨询师1次，或申请退款。

10. 保密原则及其局限性：乙方承诺，未经客户同意，不会泄露客户的个人资料，但若出现下列情况之一者，乙方将不负有保密责任：

（续）

（1）如果个人对其本人或他人的生命或人身安全形成威胁；

（2）如果个人触犯国家法律，对其不法行为乙方有责任接受司法部门的询问。

11. 咨询的过程和内容（记录）通常会进入内部会诊程序、案例督导程序。经客户同意，个别有代表性、有教育意义、有研究意义的案例将会在教学中使用（隐去客户姓名、工作单位，并做技术化处理）。

12. 有关本协议效力及履行等产生的争议，双方同意提交协议签署地法院诉讼解决。

13. 本协议自客户接受咨询服务之日起生效，双方各执一份，每份内容相同，具有同等法律效力，在结束服务之后终止。

双方本着平等自愿的原则签署本协议代表客户已阅读并理解了上述信息，同意接受乙方的职业生涯咨询服务。

客户：	乙方：
时间：　　年　　月　　日	时间：　　年　　月　　日

第 8 章 初始访谈

31 初始访谈如何开始

确定好第一次沟通的时间和地点后,前期接洽结束,接下来咨询师和来访者的直接互动就正式开始了(见图 8-1)。

图 8-1 生涯咨询流程图中的步骤 2

生涯咨询作为一项专业工作,初始访谈有特定的设置和要求,咨询师可以参考以下工作流程及常用话术。

(1)互相认识:关系破冰,人际交往的第一步。

◆ 你好,我是咨询师……你可以叫我……

◆ 你希望我怎么称呼你?

我怎么称呼你，你觉得方便些？

（2）寒暄致谢：关系破冰，传递温度，帮助来访者放松心情，调整至适合咨询的状态。

- 感谢你选择我作为你的咨询师。

  谢谢你对我、机构的信任。

- 这是给你的水。

  这有纸巾，擦擦汗。

  今天怎么过来的？这里还好找吗？

（3）保密原则：建立咨访关系的关键。

- 对于咨询过程中沟通的全部内容，我将履行保密义务，不会向第三方透露。

- 但在这两种情况下，我将不能为你保密：一是当你违反国家法律法规时，二是当你可能伤害自己或他人时。我将履行公民义务，向公安机关或者相关机构上报。

（4）笔录同意：体现尊重，对咨询的重点信息进行记录。

- 为了更好地帮助你，我将对咨询过程中的重点内容做些记录。可以吗？

（5）询问困惑：了解来访者的生涯困扰，澄清咨询需求。

- 你这次来做咨询，是因为遇到了怎样的生涯困惑呢？

  能说说你现在的困惑吗？

  有什么能帮到你吗？

（6）信息收集：收集和生涯困惑有关的信息。

- 对学生来访者，主要了解其学习情况、校内社团或学生干部工作、校外兼职或实习、家庭情况。

◆ 对成人来访者，主要了解工作经历、专业背景、家庭情况。

（7）设定目标：咨询师和来访者共同商定，明确来访者对咨询的期待。

◆ 你希望在我这里得到怎样的支持和帮助？

◆ 你希望通过生涯咨询，最后收获怎样的结果？

◆ 我和你确认一下，你希望通过这次咨询，达成……的目标，是吗？

◆ 你刚刚提到的咨询目标有好几个，如果按照你内心的迫切和重要度排个顺序，你希望优先处理哪一个呢？

◆ 接下来我要和你确认一下，刚刚你提到的人际关系问题，属于心理咨询范畴，超出了我的专业领域，很抱歉我无法支持到你。但其他的关于职业和学业发展的问题，我可以提供帮助。不知道你是否需要？

（8）出具方案：基于生涯困惑和咨询目标，向来访者介绍接下来的咨询次数和大致思路，询问来访者是否接受。

◆ 基于我们之前沟通的内容，针对你的情况，我们的工作内容包括帮助你澄清你的能力特点和职业偏好，同时也需要你在咨询间隔做些职业信息的搜集和整理，基于上述两方面的探索我将协助你做出自主选择。我们每次沟通的时长为1小时，预计需要咨询2到4次，最终次数要根据咨询进度而定。另外，为了提高咨询效率，我有可能会布置些任务给你，在咨询间隔期间完成。你对于上述方案有什么看法或者想要询问的吗？

32 如何建立咨访关系

咨访关系像是咨询工作的地基，隐藏在工具和技术之下，有力地支撑着地面上的建筑。

咨询初始最重要的工作之一就是建立关系。咨访关系像是咨询工作的地基，隐藏在工具和技术之下，有力地支撑着地面上的建筑。

那么对于生涯咨询而言，咨访之间到底要建立什么关系呢？生涯咨询师要和来访者建立的关系，不是日常生活中的朋友关系、师生关系，也不是消费者和服务商的商务关系，而是有利于开展助人工作的咨访关系，这种关系最为贴切的表达就是"建立工作同盟"。

工作同盟关系具体包括 3 个方面。[1]

◆ 建立相互认可的目标：

在初始访谈阶段，咨询师通过倾听了解来访者的困惑，和来访者一起确定咨询目标。咨询目标需要共同商定，要保证既是来访者希望达到的，又是咨询师可以提供支持的。

◆ 找到支持工作同盟的任务：

咨询师要通过一系列的工具和任务来推动咨询进程。咨询师需要用通俗易懂的语言告知来访者后续的咨询方案，来访者会从个人角度评估是否可行（如可行性、复杂度、时间周期、费用等因素），并选择是否接受咨询师的帮助。

◆ 建立关系：

生涯咨询师在初期通过建立关系使得来访者逐渐产生信任感，以便更开放地表达真实的想法。生涯咨询师建立关系的常用方法既包括初次见面的寒暄、适时而准确的共情,也包括见面之前的市场形象打造、网站上咨询师的资质介绍、咨询室的布置、接待人员的规范等诸多细节。

值得注意的是,关系建立不只发生在见面初期,它是一个伴随咨询进程而持续发展的过程——建立起来的工作同盟关系可能会越来越好,但也会因咨询师脱离咨访位置等而被破坏。

参考文献

[1] GYSBERS N C,HEPPNER M J,JOHNSTON J A. 职业生涯咨询:过程、技术及相关问题(原书第二版)[M]. 侯志瑾,译. 北京:高等教育出版社,2007:161.

33 被动咨询的关系建立

万物皆有裂痕，那是光照进来的地方。

——莱昂纳德·科恩

在一般情况下，生涯咨询帮助的对象都是主动求助者，即来访者遇到了相关困扰后主动寻求咨询师的帮助。然而，在中国文化背景下，老师或家长在孩子成长过程中承担的责任更重，老师或家长会更主动地发现孩子的问题并驱动问题的解决，所以实务中会经常出现来访者被动咨询的情况。

父母帮孩子约生涯咨询，"请您给我家孩子规划规划"。

学生走进咨询室，开口的第一句话是："辅导员（或班主任）让我来找你。"

上述情况是比较常见的被动咨询情境，也就是来访者本人并非主动求助，而是被要求的。那么，咨询师是否要接这样的个案呢？

这个问题的答案还是要从咨访关系说起。咨访关系是"工作同盟"，而工作同盟成立的基本前提是来访者本人有困扰或者需求，希望得到帮助。

一名母亲找到咨询师，希望咨询师给孩子"做做工作"，让孩子找个好工作。咨询师和孩子沟通后，孩子明确表示自己有自己的打算，近期要复习考研，并没有就业的计划。

咨询师就孩子的打算和母亲进行了沟通，母亲表达了她对于当前就业形势的判断，对孩子选择的读研方向表达了强烈的担忧，在自己劝说无效后想到请专业人士说服孩子。经过咨询师和母亲的深入沟通，母亲说自己当年就是入错了行，导致事业发展不顺利，希望孩子不要重蹈覆辙……

在上述案例中，咨询师明确地感受到了孩子并没有明显的困扰，所以几乎没有求助动机，此时建立工作同盟的可能性微乎其微。但母亲的焦虑和痛苦却非常强烈，对于孩子未来有很多灾难性想象，所以咨询师建议母亲先处理一下自己的焦虑。

然而，并非所有的被动咨询都很难开展工作，在实务中我们发现很多被动咨询的来访者确实存在很大的生涯困扰，来访者自己也希望问题得到解决，只是家长或老师更积极地帮助预约了咨询而已。这种现象在学生群体中非常普遍，在企业中也时有发生。

在给企业做员工心理援助计划的项目中，有咨询师接到了一个被动咨询个案，是和来访者关系好的同事帮她报的名。咨询师问来访者为什么不自己来，她说："我也想申请咨询，但怕被领导和其他同事知道，感觉不大好，就有些犹豫。"

有真实需求的来访者因各种顾虑或恐惧而不主动求助的情况，在实务中也很常见。

如果被动咨询的来访者有真实困扰，那么工作同盟就可能建立。

只是给被动咨询的来访者工作时，咨询师要特别注意咨访关系的微妙。举例而言，父母和孩子意见不合，帮孩子预约了一个生涯咨询师，然后孩子得知了这个消息。我们不妨共情一下，在孩子心中很容易觉得这个咨询师是"和父母一伙的"。这种感受在一些学生心中也存在，他们会说是"辅导员让我来找你"，也会容易觉得咨询师只是老师请来的"说客"。

因此，咨询师需要特别注意，在咨访关系建立的初期澄清保密及保密例外原则，确认来访者的真实困惑和需求，让来访者感受到咨询师是真心帮助他解决问题的。当父母或老师要求咨询师做说服工作的时候，咨询师要明确表达父母或老师的建议可以作为一种选择和来访者探讨，但生涯咨询工作要以来访者为中心。

34 网络远程咨询对咨访关系的影响
我们都知道大势将至，但不知未来已来。

近些年网络远程咨询渐成趋势，这给生涯咨询工作带来了很多新议题。

网络远程咨询确实存在很多短板，比如不利于咨询师搜集来访者的非言语信息，网络卡顿导致的交流不畅，部分咨询工具无法使用等。

然而，网络远程咨询也表现出了让人惊喜的优势，比如网络远程咨询的双方省去了往返咨询室的奔波劳顿及其消耗的时间成本，更加方便。来访者在网络远程咨询中会选择自己相对熟悉的环境，比如家、宿舍等，会更容易感到放松。远程交流也减少了来访者的羞怯和尴尬，带来了一种"不在现实中见面"的安全感，没有与咨询师面对面的心理压力，反而促进了来访者的真实表达。很多生涯咨询师发现，网络远程咨询中咨访关系更容易建立，尤其是"90后"和"00后"的来访者对于网络远程交流非常适应。

网络远程咨询的常用形式主要是语音和视频，很少使用文字（如邮件）交流。当咨访双方确认使用网络远程咨询时，咨询师开始前需要提醒来访者以下几点内容。

- ◆ 提醒来访者寻找一个网络稳定的、安全不被打扰的、可以自由表达的空间。
- ◆ 建议来访者准备纸和笔，以备咨询中有不时之需。
- ◆ 如需签订电子版咨询协议，建议双方保留咨询协议的邮件或短信等书面确认信息。

汇总一下咨询师们视频咨询的经验，有以下几点事项需要提醒咨询师注意。

- 视频连线的画面是咨访双方的近景镜头（如面部特写），所以咨询师的相貌带来的影响会被放大。比如有的咨询师面部五官有英武之气，来访者初次接触时可能会觉得害怕。我们甚至遇到过有来访者觉得咨询师说话时头部习惯性晃动，看起来不稳重，从而影响对咨询师印象的情况。所以，建议咨询师视频时佩戴有话筒的耳机，尽量保证半身出镜且收音清楚。

- 咨询师的声音是从来访者的视频设备传到其耳朵里的，所以如果来访者佩戴耳机，或者手机电脑的屏幕离自己很近，会感觉咨询师的距离要比正常面对面说话近很多，就像在耳边或者眼前说话一样。如果咨询师的风格较为激情澎湃，来访者容易有压迫感。

- 在视频沟通时，咨询师常常因为不是面对面交流而希望努力捕捉更多的信息。这样会让咨询师很容易陷入个案的细节信息，不利于咨询师对个案进程的推动。所以提醒咨询师在收集信息时需要保持旁观者视角。

语音咨询也是网络远程咨询的常用形式，和视频相比各有优劣之处，具体如下。

- 我们在公益咨询中有一个有趣的发现，在请来访者选择视频还是语音时，大部分来访者会选择语音。

- 语音咨询方式虽然无法收集来访者的非言语信息，但更容易帮助来访者放松，专注在言语沟通和自我觉察中，不被影像等其他因素干扰。
- 语音连线对网络流量和带宽的要求相对低一些。

对于网络远程咨询中的其他伦理议题，中国心理学会临床心理学注册工作委员会于 2021 年 4 月发布了《网络心理咨询伦理规范实施细则》。虽然该细则是针对心理咨询师制定的，但其中绝大部分内容可供各位生涯咨询师作为行为规范学习借鉴，具体内容可参考网络相关资源。

35 保密及保密例外原则

保密及保密例外的实质是要生涯咨询师坚守"不伤害"的助人底线。

有一位咨询师很困扰,她希望在督导中解决的问题是:生涯咨询工作强调以来访者为中心,来访者利益最大化,我们要尊重来访者的选择自由……难道来访者为了个体利益要杀人放火,我们也要支持?

这个问题涉及咨访关系中的两个重要原则:保密及保密例外原则。

生涯咨询作为一项助人工作,有严格的助人边界。保密原则主要是指咨询师为来访者的信息保密,咨询师承诺保护来访者的个人隐私。只有严格地为来访者保密,来访者才会放心地把内心真实想法表达出来,利于工作同盟关系的建立。保密例外原则明确了两种特殊情况,在违法以及伤害自己或他人时,咨询师要履行公民义务,及时上报公安机关或相关机构。保密例外除了上述两种情况外,根据来访者的年龄等不同情况,还包括以下一些原则。

(1)在接收未成年人个案时,咨询师要注意在"保密例外原则"还有第3种情况——如果发现未成年人被虐待,需要及时上报公安机关或相关机构。

(2)咨询师遇到处理不了的个案,需要申请督导的帮助和支持,这时候需要向督导上报个案情况。对此,咨询师在咨询协议中需要注明,同时面谈时也要告知来访者这一情况,并取得来访者同意。申请督导时，为了更好地保护来访者隐私，咨询师通常不汇报来访者的私人联络方式，来访者真实姓名通常会隐去或用化名处理。

（3）以下情形需要做保密及保密例外原则的三方约定：一是父母给子女花钱做生涯咨询，父母作为监护人想了解子女的具体情况；二是组织提供费用给员工做生涯咨询，相关领导想知道员工在咨询中的一些情况。所谓三方约定，就是咨询师、父母或领导、子女或员工三方在正式咨询前通过面对面沟通，约定哪些内容保密、哪些内容不保密。按照前辈们的经验，一般的处理方案是生涯咨询的过程及具体细节保密，对最后的生涯咨询结果不保密。

（4）保密及保密例外原则说出的时机很重要，要在询问来访者生涯困惑之前进行说明。所谓"丑话说在前头"，要保证来访者知道哪些内容是不被保密的，这也是在保护咨询师不遭受极端案例带来的伤害。

（5）不建议随意修改保密及保密例外的措辞，以免造成歧义。

36 信息收集不是对内、对外探索

新手咨询师在初始访谈的"信息收集"环节，容易急于进行对内或对外探索。在督导过程中也常有新手咨询师询问：如果在信息收集的过程中，来访者提到了自己的爱好，咨询师是否要顺势深入下去进行兴趣探索？在此阶段顺势深入探索未免有些操之过急了，帮助来访者对内或对外探索是后续"个案推动"阶段的工作，咨询师可以先做好记录，待自我探索环节再深入交流。

那么，咨询师到底需要收集来访者的哪些信息呢？按照经验可能包含但不限于以下内容（见表8-1）。

表 8-1 信息收集清单样例

1. 基本资料：

姓名，联络方式，年龄，性别，工作（如果是学生就是兼职的情况）。

2. 需要的帮助：

来访者决定来求助于生涯咨询师的最基本的原因？
为什么是现在来规划？
出现问题已经有多长时间了？
来访者能否自己鉴别出问题的类型？
目前有什么机会？与其他人相比如何？
以前接受的咨询经历如何？
来访者的个人生活目标是什么？

(续)

3. 来访者的生活方式：

　　来访者是怎样度过自己平常的一天的？一周呢？

　　在闲暇时间来访者喜欢什么活动（社区活动、参加社团、和朋友待在一起）？

　　来访者所在的机构环境怎么样？

　　来访者的一些特殊特征，如宗教、性别、种族、慢性疾病、是否长期服用药物等。

4. 家庭史：

　　父母的年龄、职业、个性特点、家庭成员之间的关系、来访者和其他亲戚的关系。

　　来访者有多少兄弟姐妹，分别的年龄、近况，以及来访者和他们的关系。

　　婚姻状况方面，是否结过婚？有没有子女？

5. 个人的医疗史：

　　患病记录，从胎儿期到现在有没有发生过任何的意外？

　　来访者家庭成员中患精神性疾病的情况。

　　生理或心理的残疾。

6. 教育或职业经历：

　　毕业的学校、就读时发生的大事、和同学老师的关系。

　　职业经历方面，曾经做过的工作，以及和同事、上司的关系。

　　职业发展目标以及达成的步骤。

7. 在访谈过程中的描述信息：

　　非言语信息（相貌、衣着、举止、手势、眼神接触、个人物品等），言语信息（声调、声音表现出的紧张程度）。

　　其他：来访者的动机、投入度、开放性、基本的信息处理水平、词汇量、使用的技术术语、技能水平。

对于上述表格中的内容，咨询师不必全盘了解，而需要结合个案情况有针对性地收集信息。另有几项实务操作要点提醒咨询师注意。

（1）多使用开放式提问。

比如想了解来访者的基本信息，咨询师可以询问：

"能介绍一下你自己吗？"

"能介绍一下你在校的学习情况吗？"

然后根据来访者的介绍再继续追问。

有的咨询师习惯连续问细节问题，比如想了解来访者的学业信息：

"你在哪所学校读书？"

"读什么专业？"

"大几了？"

此类一连串的密集提问，很容易让来访者感觉像是在接受审讯，因而应当尽量少使用。

（2）如果涉及敏感信息，比如来访者家庭的经济情况等，咨询师可以用委婉方式进行提问。

"根据我的咨询经验，之前有来访者的家庭经济条件会影响接下来的升学或就业的选择，你有这方面的困扰吗？"

如果遇到敏感的来访者，这种询问方式比直接询问"你家里经济条件好吗"更容易让来访者接受。

（3）在前期接待环节，如果来访者填写了咨询申请表，那么咨询师面谈时只需对重点信息进行确认并查缺补漏即可，这部分的工作效率会大幅提升。所以，咨询机构或咨询师在前期接待时，请来访者填写一份书面的生涯咨询申请表（详见表 7-1）是被广泛采纳的做法。

37 咨询目标需要咨访双方共同确定

咨询师所有的理解，都只是有专业训练的猜测。

——阿德勒

生涯咨询中最常见也最麻烦的咨访纠纷，就是来访者认为咨询师没有帮到自己，不同意结案付费。在对这类个案仔细复盘总结后，我们发现在咨询流程上咨访双方往往没有制定明确的咨询目标，只是模糊地做了约定。这导致结案时双方就只能依靠自己的感觉来进行判断，当双方感受不一致时就会出现争执。对于这种公说公有理、有没有明确判断标准的纠纷，咨询机构的处理方式大多都是给来访者全额退款。

生涯咨询的推进过程中，为了最大限度地保证双方沟通的内容是彼此理解或认同的，咨询师需要和来访者多做确认，尤其在一些关键环节。这是因为主观建构存在差异性，阿德勒认为咨询师对来访者的理解都是对来访者表达内容进行的有专业训练的猜测。因此，生涯咨询师在设置咨询目标时需要深入了解来访者的生涯困惑，判断是否属于生涯辅导范畴，并在充分尊重来访者的基础上共同商定咨询目标。一旦咨询目标确定，咨询师就可以依此设计咨询方案了。

常见误区一：生涯困惑 = 生涯目标

我们通过督导发现很多新手生涯咨询师有一个认识上的误区，认为来访者既然已经说了自己的生涯困惑，那么帮助来访者解决生涯困惑就是咨询目标。

一位来访者不知道自己适合什么职业，对未来的发展方向感到非常迷茫。这是常见的职业定位需求，按照一般做法，可能包含以下咨询内容：探索个人特质，聚焦意向职业，通过兼职或实习尝试并积累经验。

咨询师在详细收集了基本信息后，和来访者确定咨询目标：你希望通过这次咨询，在我这里得到怎样的帮助？

来访者思考了一下，很理性地回应道："距离求职还有接近一年时间，中间难免会有一些变数，我觉得现在就精准地确定未来的职业，不大靠谱，这次咨询您帮我梳理出我到底想要什么就行。"

来访者提出了"我到底想要什么"，这样咨询目标就聚焦在了"探索个人特质"上，来访者并没有期待在咨询师的帮助下完成对外探索等后续环节。

案例中来访者的困惑是"不知道自己适合什么职业"，而咨询目标是指来访者选择在咨询师这里得到什么帮助。咨询师要认识到自己并不是来访者的唯一求助资源，来访者还有家人、老师和朋友等其他资源，且来访者如果发现自己的困惑和当初预料的不一样，接下来的环节无法独立完成，还可以再次寻求咨询师的帮助。

常见误区二：生涯咨询师需要满足来访者的所有期待

咨询目标一般由来访者提出，经由咨询师评估是否可以实现，双方确认后达成约定。遇到来访者的问题比较复杂或期待比较多时，咨询师需要帮助来访者厘清问题并真诚地告知来访者对于哪些咨询目标是咨询师能提供帮助的，哪些是无法支持的，不做过度承诺。来访者作为非专业人士并不清楚生涯咨询到底能做些什么，所以来访者可能带有各种不同的期待。

某来访者，女性，已婚未育，工作能力很强，希望转行做人力资源总监，"由乙方变成甲方"。

来访者本次来咨询的期待很明确：你是职业规划师，所以请你告诉我如何能得到这样的工作机会并转行成功。

严格意义上讲，这是一个典型的职业辅导的需求，如果咨询师本人不具备该行业的从业经验，很难给出有效指导。因而满足来访者需求的最有效的方式之一，是鼓励来访者请教资深的业内人士。

本案咨询师了解来访者的期待后，和来访者澄清了咨询目标：如果希望得到工作机会或者转行策略，建议来访者寻求人力资源总监行业前辈、猎头的帮助，他们提供的信息会更有效，咨询师无法提供这方面的工作机会及建议。

同时，咨询师也真诚地告知：按照多年咨询经验，职业发展被"卡住"通常有深层次原因，生涯咨询师能帮助来访者剖析职业发展瓶颈背后的原因，促进来访者个人内在成长，以便日后再遇到类似生涯阻碍时，来访者可以更顺畅地自主解决。

综上，咨询师请来访者做出判断：是否还需要接受生涯咨询师的帮助？

常见误区三：每个来访者提出的咨询目标都是经过深思熟虑的

除了上述常见误区，实务中我们还有个有趣的发现：设置咨询目标的过程可以帮助来访者厘清头绪，尤其是当来访者议题比较多，或者思绪混乱、头脑一团乱麻的时候。一点点地澄清咨询目标，也是帮助来访者整合和思考的过程。不是所有来访者在求助时都已经把问题考虑得很充分了，常常有来访者因为还没想清楚，让咨询开始阶段所描述的咨询目标发生改变。这种改变是正常的，如果以积极取向看待这种改变，这意味着来访者的困扰得到了进一步澄清。

38 共情在生涯咨询中的价值

共情是指咨询师对来访者当下的体验能感同身受,并将洞察和感受到的传达给来访者。

卡尔·罗杰斯的人本主义心理学对生涯咨询的发展产生了重大影响。如罗杰斯倡导的那样,当来访者慢慢熟悉了生涯咨询的工作模式后,咨询师通过接纳和共情让来访者知道自己可以坦诚地说出内心的想法、不担心被批评或者被评价。来访者会感受到咨询师可以理解自己的困难处境,因此愿意把真实情况放心地表达出来,和咨询师一起探索、思考,开启新的未来。

一位刚参加工作的男性来访者诉说自己最近几个月工作非常辛苦,连续加班,连续6个周末没休息,精神压力巨大,感觉自己快撑不住了。对于上述描述,咨询师一般会以共情回应,如"听起来你非常辛苦""你的压力很大""你感觉很疲惫"等,但本案例的咨询师非常敏感地捕捉到了来访者话语中透露出来的委屈感。来访者听了咨询师的一席话,眼眶一下子就湿了,认为被咨询师深深地理解了,对咨询师的信任感大增。

很多实务经验丰富的咨询师认为,虽然不可能完全了解另一个人,但咨询师还是应该努力通过共情去体会和了解来访者,包括发自内心地关心来访者,接纳来访者,不对来访者做价值判断。生涯咨询师不仅要看到来访者带来的生涯问题,还要有能力看到带来这个问题的人本身。因此,共情是生涯咨询师需要持续提升的基础能力之一。

咨询师通过与来访者共情,最终可以和来访者同频互动——当咨询师把感受的频率调成和来访者一样时,会更容易接收到来访者的信号。在面对复杂个案时,咨询师通过共情可以从错综复杂的事件和表述中洞察到来访者的感受,可以更准确快速地锚定问题的症结。

某来访者是一名普通本科师范学校的学生,面临就业的纠结,需要在两周内做出选择。

来访者的母亲恰好是教育行业内的资深前辈,她的意见是考取重点公立学校有编制的岗位,如果考编制不成功就准备考研。来访者感到非常有压力,"事实证明很多事母亲说的是对的",于是搜集了一些信息,听师姐说重点公立学校有编制的岗位竞争十分激烈,这给她泼了一盆冷水。

来访者自己的观点是求稳,先就业,找一份教育机构的工作,积累经验后再慢慢换更好的工作。来访者列举了实习实践的经历,一再论证自己的方案是最可行的,并向咨询师有理有据地陈述了若干原因,最后表达了要说服母亲的决心。

本案的咨询师察觉到自己有些困惑,于是申请了督导。在对本案例的督导过程中,督导请咨询师关注一个问题:来访者如此坚定而且理由充分,那她为什么要来咨询呢?来访者似乎在说服咨询师认可自己的选择是最有可行性的,好像也是要借此说服自己。督导共情到了来访者对争取不到有编制的岗位的担心,但内心对于报考编制还是有所期待,只是害怕考不上。于是督导给出了一个假设:有没有可能来访者的问题并不是如何选择，而是想要尝试一下考编制的机会但"心里没底"，于是期待咨询师给予鼓励呢？

经过和来访者的再次面谈，咨询师确认了这一假设。来访者正视了自己内心的真实想法，看到了想通过"打安全牌"来躲避"压力"，但内心还是对母亲提到的工作机会是有渴望的，畏难的情绪让她找了很多理由说服母亲，其实也是想说服自己，但她总觉得隐隐地不甘心。

当信息混乱而头绪繁多，咨询师可以通过对来访者当下体验的敏感、准确的共情，使得案例进展得到有力推动。这种深度的洞察往往在复杂个案当中会起到拨云见日的作用。来访者的语言所传递的信息，因防御或表达习惯等会给咨询师带来误导，但来访者语言背后的情绪情感往往更接近问题的实质。此时，共情像是那把打开复杂生涯问题之门的钥匙。

最后，有业内人士建议新手咨询师使用话术表达共情，诸如"我很理解你的感受""如果是你，我也会有这样的感觉"等，甚至还有咨询师编造和来访者的类似经历获得来访者好感。上述话术和做法有违咨访关系的真诚原则，在此提醒生涯咨询师慎重使用。咨访关系需要高度地互相关注，如果来访者敏感地觉察到咨询师的不真诚，将对咨访关系造成严重破坏。

39 改变急于给来访者"出主意"的习惯

生涯咨询不仅要帮来访者解决眼前的问题，更重要的是帮助来访者成长。

生涯咨询师要突破的重要一关，就是一听到问题就迫不及待地想探讨解决方案的冲动。很多新手咨询师在初始访谈阶段会习惯性地启动指导式的沟通模式，急于给来访者出主意。

一位来访者要提升"突发事件处理"的能力，于是在咨询过程中举了一个工作中的例子来说明自己在解决突发问题方面的能力不足。

咨询师根据工作经验，迫不及待地开始剖析举例中的工作问题所在，并给出"不是应变不够，而是经验不足"的结论。咨询师指出如果经验足够就会提前规避这类问题，接下来分享了一些工作经验。来访者一边听，一边点头。

此时出现了一个很有趣的画面：一边是咨询师绞尽脑汁地思考，焦虑地分析问题，千方百计地想找到来访者遭遇的困境的解决办法。另一边是来访者静静地坐着，看着咨询师，听着建议。

面对痛苦和烦恼，我们很容易产生赶紧消灭它们的念头，而这个想法促使我们急于给出一个自认为合理的建议。比如一个人最近常失眠，我们会脱口而出给一些预防失眠的小妙招；一个人找工作碰到了问题，我们给他支招"怎样避免应聘的各种'坑'"；一个人渴望爱情的到来，我们就推荐他多出去认识新朋友，别总待在家里；一个人打算减肥，我们会鼓励他少吃多运动……这些建议通常都不会产生什么效果，我们第一时间想到的解决办法，有可能来访者在朋友和家人那里已经听到过很多遍了。可能咨询师一句好心而仓促的建议，会让来访者发现这个建议无法实施，引发来访者对咨询师信任感的减少，进而可能对咨询师的专业性产生怀疑，破坏咨访关系。

作为生涯咨询师，我们要时刻觉察急于给建议的做法是不是因为咨询师内心不相信来访者能够自己解决问题。尤其面对涉世经验不多的来访者，咨询师很容易产生"我比你更能解决好问题"的感觉。更糟糕的是，一旦来访者接受并认同了咨询师这样的暗示，很容易对咨询师产生依赖感，从而违背了生涯咨询"助人自助"的理念。

生涯咨询不仅"要帮来访者解决眼前的问题"，更重要的是"帮助来访者成长"。成长的标志不是越来越依赖咨询师，而是慢慢学会自主地解决生涯发展中的各种问题。也许，来访者人生第一次面对这样的问题，不如咨询师有经验，可能做得不完美，但这就是一个生命成长中的状态。

成长，是急不得的。这句话说的是来访者，也送给咨询师。督导中，我们发现确实有咨询师在过往的工作生活中，习惯了给答案，给别人出主意。要放下自己的经验去接纳和支持他人，这一步的成长并不容易。咨询师学着接纳自己的不完美，允许和支持另一个生命如其所是地活着，这是咨询师向另一个生命的致敬，也是一场如何放下的自我修行。

第 9 章 个案推动

40 咨询方案的理论基础

从这一节起我们将进入个案推动环节，在本节中我首先介绍咨询方案的理论基础。

初始访谈后，个案推动便开始了（见图 9-1）。

图 9-1 生涯咨询流程图中的步骤 3

我们在前文探讨过生涯理论和生涯咨询理论的区别，在此基础上结合实务经验，对选取的 5 个经典理论如何应用于一对一咨询进行梳理和总结，以此作为咨询师出具生涯咨询方案的基础。

这 5 个经典理论是生涯咨询师在实践中广泛采用的理论，代表的是生涯发展的 5 种经典取向。我们尝试总结每个理论的核心架构，从咨询实务的角度探讨其如何运用于具体工作中（见表9-1）。

表9-1　5个经典理论在生涯咨询中的应用

	霍兰德人格类型论	认知信息加工理论	明尼苏达工作适应论	舒伯生涯发展理论	克朗伯兹社会学习理论
核心概念	6种类型 人职匹配 霍兰德职业代码	自我知识 职业知识 CASVE循环 元认知	适配 互动 组织满意 个人满意	自我概念 生活广度 生涯成熟 生活空间 显著角色	学习经验 自我观察的概括 世界观的概括 偶发或机遇事件
一般咨询目标	帮助来访者探索自己的人格类型 了解匹配的职业名称及具体的职业信息 为职业选择提供依据	支持来访者收集现实的职业信息 支持来访者进行自我探索 确定可能的职业选择 帮助来访者掌握信息加工的决策方法	帮助来访者评估工作满意度 协助来访者探索是否胜任工作 确定工作的发展方向及行动计划	帮助来访者了解生涯发展阶段 帮助来访者了解生涯角色 评估来访者生涯成熟度 帮助来访者更好地觉察和发展自我概念	促进来访者对技能、兴趣、信念、价值、工作习惯与个人素质的学习 在快速变迁的社会中创造出幸福美满的生活
常用咨询方法	测评，兴趣分类卡，O*NET Online职业信息数据库，Prediger工作环境分类法[①]等	自我探索，学职信息探索，决策风格探索，决策工具，行动计划制订，非理性信念修订等	能力探索，胜任力评估，价值观探索，满意度评估等	生涯成熟度，生涯彩虹图，撰写或描述有重要意义的生涯事件，绘制角色饼图等	过往的重要生涯事件及乐趣，教导开放心胸的好处，激发并评估新的学习目标，同时衡量进展，创造有利的偶发事件等

① 普雷迪格尔（Prediger）在研究过程中，发现霍兰德六边形潜藏着两个维度，分别是信息（data）处理与创意（idea）思考，以及和事物（thing）互动与和人（people）互动。将这两个维度同霍兰德六边形进行整合后，可用于对工作环境的分类。

41 常见的生涯咨询议题

本节试着打破以某个生涯理论为中心的咨询方案设计方法，尝试以来访者常见的生涯议题为中心，以问题解决为导向，整合相关理论，探讨如何帮助不同需求的来访者。在此特别说明，因咨询师和来访者都是独特的个体，咨询师对个案的理解难免会有差异，所以不同的咨询师很有可能提出不同的咨询方案，而这些咨询方案都有可能帮助到来访者解决其生涯困惑。所以，咨询方案并没有唯一的标准答案，本书中的咨询方案仅作为可能性之一，供大家探讨交流之用。

不同年龄来访者的常见生涯议题各不相同（见图9-2）。

近几年随着新高考的到来，高中生的生涯辅导是一个重要需求。高中生的生涯议题一般有2类。

- ◆ 选科辅导：高中生选择专业；
- ◆ 升学选择：高一下学期完成新高考选科等升学选择。

国内有研究者对大学生的常见的生涯议题进行梳理分类，分类名称并未有统一的说法。参考国内大学生职业辅导服务相关研究的分类，[1]结合实务督导经验，我们将大学生有代表性的生涯议题分为4类。

- ◆ 生涯适应：对所学专业的不喜欢或遭遇学业压力，产生学业上的不适应；
- ◆ 职业定位：低年级同学不清楚自己未来的发展方向，比较迷茫困惑；

- 能力提升：为学业或职业目标而制订学习成长计划，提升求职技能等；
- 职业选择：近期要做出职业选择、升学选择等有时间压力的决策议题。

同样，通过对工作者的常见的案例类型进行汇总和梳理，有 5 类常见生涯议题。

- 生涯适应：因换工作、晋升、转岗等而产生的适应问题，对现有工作的倦怠；
- 职业定位：不清楚自己适合长期发展的职业方向，比较迷茫困惑；
- 能力提升：为职业目标而制订学习成长计划，致力于自我成长等；
- 生涯平衡：在工作、家庭等多个身份之间的角色平衡及时间管理；
- 职业转型：离开现有生涯领域，完成职业的重大转型。

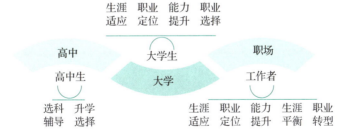

图 9-2　不同年龄来访者的常见生涯议题

上述分类合并相似议题后，我们可以将来访者的困惑归纳总结为

6 大类生涯咨询的常见议题,即能力提升议题、生涯决策类议题、职业定位类议题、生涯平衡类议题、生涯适应类议题、高中选科类议题。接下来我们将分别对每种生涯议题做单独的探讨。

参考文献

[1] 金蕾莅,熊义志,蔡志楠.大学生对职业辅导服务的需求、知晓与使用[J].中国大学生就业,2016(13):45-49.

42 能力提升类议题

常见困惑

来访者为完成升学、考试等学业目标产生学习困惑,或为达成职业目标而产生提升技能等方面的需求。简言之,可以概括为提升能力以满足个人成长的生涯发展需求。

理论整合

- 社会学习理论强调以来访者过往的学习经验为基础,帮助来访者创造新的学习经验,倡导拥抱变化和不确定性,鼓励来访者积极尝试,通过创造偶发事件主动为未来创造幸运。
- 工作适应论也揭示了职业适应的一个重要维度——提升技能以满足工作要求,主张可以帮助来访者提升工作能力以减少挫败感。

咨询思路

综合上述理论,面对能力提升议题的来访者,可供参考的咨询思路如下:

能力盘点→明确差距→制订成长计划

对于升学、考试等学习相对简单的议题,可以对来访者相关能力进行盘点,从而找到差距,制订计划。对于成人基于工作目标的能力提升需求,需要对目标职业进行胜任力分析,即分析工作对从业者到底有哪些能力要求，进而帮助来访者结合自身能力现状，找到差距，制订计划（见表 9-2）。

方案设计

表 9-2 能力提升类议题的咨询方案样例

	方案 1 学业目标	方案 2 职业目标	总体时间
第 1 次	收纳面谈 10min 个人能力评估 20min 确定能力差距 10min 制定学习目标 5min 细化成长计划 10min 结束 5min	收纳面谈 10min 胜任力分析 20min	60min

注：咨询思路和方案没有标准答案，咨询师需要根据来访者的具体情况进行针对性设计。以上方案咨询思路和方案设计，仅供参考。

工具推荐

☑ 63 节"技能分类卡"

☑ 65 节"能力倾向测验"

☑ 83 节"生涯人物访谈"

☑ 84 节"岗位胜任力分析"

☑ 91 节"SMART 原则"

☑ 92 节"行动计划公式"

案例举例

来访者小王确定了一个目标职业：希望能从事互联网公司产品经理的工作。经过前期的职业探索，小王了解到产品经理也有细分，诸如有前端、后端等区别。对于他比较感兴趣的某知名互联网公司前端产品经理职位,小王通过上网搜集资料、访谈从业者等方式,了解到该工作内容主要包括产品立项、需求管理、产品设计、产品研发、产品运营和产品迭代,且必须要有实习经历。咨询师协助小王对产品经理的岗位胜任力分析如下。

- ◆ 市场洞察:能共情用户的需求,站在用户角度思考产品设计;
- ◆ 逻辑思维:需要有很强的分析能力、缜密的思维和快速学习能力;
- ◆ 沟通能力:动用听说察问等技巧获取及传递信息,整合和协调公司内部资源;
- ◆ 规划安排:工作进度推进、多任务管理、时间管理的能力;
- ◆ 专业知识:PPT、X-mind、ProcessOn、PMP、Axure、墨刀等工作软件。

前面几项能力都相对复杂,需要长期积累和锻炼,小王决定先从专业知识开始学起。在咨询师的帮助下,小王制订了一个季度的成长计划,通过网上的教学视频和请教前辈等方式,将上述工作软件逐一学会,并明确了暑期去相关公司实习的计划。

43 生涯决策类议题

常见困惑

生涯决策就是在生涯发展的节点做出选择，这类议题也一直是生涯咨询最为经典的议题。

我们将一些在短时间内需要做出明确决定的需求，例如面对多个工作机会如何选择、是否辞职等，总结为有时间压力的"N 选 1"的议题，也被称为生涯决策类议题。

理论整合

- ◆ 认知信息加工理论对于如何做决策有清晰的决策流程和方法，咨询师可以通过 CASVE 循环帮助来访者做出理性决策。
- ◆ 霍兰德人格类型论主张人职匹配，根据来访者的霍兰德人格类型匹配适合的职业。

咨询思路

决策准备度评估→自我探索 + 对外探索→扩展或压缩选项→决策→制订行动计划

方案设计

生涯决策类议题的咨询方案样例见表 9-3。

表 9-3 生涯决策类议题的咨询方案样例

	方案内容	总体时长
第 1 次	收纳面谈 15min 决策准备度评估 5min 自我探索：兴趣 30min	50min
间隔 1 周		
第 2 次	自我探索：能力 25min 自我探索：价值观 25min 交流对外探索任务 10min	60min
间隔 1 周		
第 3 次	交流对外探索结果 10min 扩展或压缩选项 5min "N 选 1"完成决策 30min 制订行动计划 10min 结束 5min	60min

注：因规划师和来访者均有差异，故方案无法完全标准化。本方案用于学习探讨。

工具推荐

☑ 自我探索类工具（见本书 60~72 节、78 节）

☑ 对外探索类工具（见本书 79~84 节）

☑ 决策类工具（见本书 88~90 节）

☑ 行动计划类工具（见本书 91、92 节）

☑ 求职准备类工具（见本书 93、94 节）

案例举例

在家人的建议下，李同学被某医科大学七年制医学影像专业高分录取。但到大二中期,李同学愈发觉得专业课枯燥无味,并产生了厌学情绪。经过了一个学期的努力,李同学还是觉得自己在学习超声、诊断、外科基础、流行病与统计等这些专业课程方面非常吃力,厌学情绪有增无减。于是他决定转到本校四年制医学相关专业,并得到了家人的同意。现在,他想在公共事业管理、医药贸易、英语这三个专业中选择其中一个。

李同学擅长英语,且喜欢教育领域、乐于帮助他人。咨询师帮助来访者探索了职业兴趣、能力后,布置了对外探索的任务,请李同学对上述意向做专业信息和毕业去向的职业信息收集。最后,咨询师协助李同学通过决策平衡单完成了决策,选择了英语专业,制订了接下来的发展计划。

44 职业定位类议题

常见困惑

常见于高中生、低年级的大学生等来访者，因为不清楚自己未来的发展方向，对生活感到迷茫困惑，不知道为什么而努力。此外，也包括成人来访者不清楚适合自己的职业方向等需求。

此议题在15～40岁的群体中非常常见，早期一直被视为生涯决策类议题，但近年来我们将其逐渐将分离出来，单独作为职业定位类议题。主要是考虑到职业定位无须在当下做出确定的选择，只要明确大致方向即可，来访者还有相对充足的时间尝试、准备、提升和调整。简言之，职业定位类议题可以概括为来访者为了寻找远期生涯目标或确定职业方向的生涯发展需求。

理论整合

- ◆ 霍兰德人格类型论主张人职匹配，根据来访者的霍兰德人格类型匹配适合的职业。
- ◆ 认知信息加工理论也非常适合职业定位类议题，该理论不仅强调对内探索，还强调高质量的外部信息。"由外向内的生涯发展取向"（outside-in perspective）也同样强调了经济发展、地缘因素等外部环境和机会对生涯发展的重要影响。
- ◆ 社会学习理论主张将热爱的事情转化为新的学习经验，积极尝试，通过创造机遇事件主动为未来播下幸运的种子。

- 金树人老师提出的因缘果的本土化观点,主张积极有为的同时,保持开放态度接纳生涯中的不可控因素,用乐观、开放、弹性、适应、自省、好奇的生涯态度拥抱未来。

咨询思路

- 优先满足个体意愿的"由内向外的生涯发展取向"(inside-out perspective)。

内心的理想生活状态→寻找职业机会并探索→评估能力资源并聚焦→尝试实践,提升能力→调整完善,修订目标

- 优先考虑外部机会的"由外向内的生涯发展取向"。

了解职业机会并探索→评估能力资源并聚焦→从中筛选相对满意的方向→尝试实践,提升能力→调整完善,修订目标

方案设计

职业定位类议题的咨询方案样例见表9-4。

表9-4 职业定位类议题的咨询方案样例

	生涯发展取向的探索方向		由内向外时间或由外向内时间
	由内向外	由外向内	
第1次	收纳面谈 15min 自我探索:兴趣 25min 鼓励探索兴趣匹配的职业机会 10min	收纳面谈 15min 说明经济环境等外部信息的作用 5min 鼓励搜集行业分析、地区经济、新兴科技等外部信息,布置探索任务 15min	50min 或 35min

（续）

	生涯发展取向的探索方向		由内向外时间或由外向内时间
	由内向外	由外向内	
	间隔 1 周		
第 2 次	交流职业机会或信息的探索结果 10min 自我探索：生涯幻游 25min 自我探索：能力及社会资源 30min 继续鼓励寻找职业机会并探索信息 5min	交流外部信息的探索结果 10min 自我探索：能力及社会资源 25min 综合上述信息，聚焦职业机会 5min 鼓励继续寻找职业机会，布置探索职业信息任务 15min	70min 或 55min
	间隔 1 周		
第 3 次	交流职业信息的探索结果 10min 筛选并聚焦意向职业目标 10min 制订实习、兼职或能力提升计划 20min 倡导开放心胸、接纳变化，鼓励积极尝试、为自己创造幸运的机会 10min 结束 10min		60min

注：因规划师和来访者均有差异，故方案无法完全标准化，本方案用于学习探讨。

工具推荐

☑ 自我探索类工具（见本书 60~72 节、78 节）

☑ 对外探索类工具（见本书 79~87 节）

☑ 行动计划类工具（见本书 91、92 节）

案例举例

来访者现处在大二下学期，就读于某重点大学电气工程及其自动化（中外合作办学）专业。来访者对自己毕业之后的去向比较迷茫，想知道自己以后适合做什么：他想考研，对出国也有兴趣，同时感觉自己毕业了直接工作也是不错的选择，怎样才能做出最适合自己发展的人生规划呢？

经过和来访者的沟通，来访者认为考研、出国是过程，最终目的是有一个好的工作去处。提及工作去处，来访者很认可现在的专业，且父亲是某大型企业的电气工程师，自己和家人都希望从事本专业对口工作。咨询师和来访者澄清了咨询目标：电气工程师的职业去向是确定的，但来访者希望进一步确定将来进入哪个行业、哪个组织机构做电气工程师，然后根据最终的工作去向进一步明确是否需要考研或者留学深造。来访者表示认同。

根据上述咨询目标的梳理，来访者的职业是确定的，只是行业和组织机构不确定，所以咨询师将咨询的重点放在协助来访者对外探索上：探索本科毕业后的工作去向、本校本专业研究生毕业后的工作去向，同时借助父亲的资源探索不同的企业机构对于学历背景和能力的招聘要求。

最后，来访者通过职业信息探索，初步确定以父亲所在行业的龙头企业的电气工程师职位为目标，并确定了本校本专业读研的升学路径，积极争取在读研期间参加某国际交流学习项目的机会。

确定了生涯目标后，来访者反馈：感觉一颗飘忽不定的心，一下子落地了，有了努力的方向。咨询师协助来访者制订接下来一年半的学习成长计划，并鼓励来访者保持开放的态度，在实施过程中根据实际情况做灵活调整。咨询师在结束时也提到，如果遇到了新的生涯问题，可以继续寻求咨询帮助。

45 生涯平衡类议题

常见困惑

来访者无法平衡工作、学习、家庭和生活的安排,导致多个人生角色的时间分配出现冲突或混乱。例如,学生来访者感到学习和学生干部工作冲突,在职来访者觉得家庭工作难以平衡等。

简言之,来访者出现了多角色冲突导致的时间管理类需求就属于生涯平衡类议题。

理论整合

- ◆ 舒伯生涯发展理论提出了生涯发展的各个阶段有不同的生涯任务需要完成,同时每个年龄都存在多个生涯角色,个体在不同角色之间如何平衡和取舍也就构成了不同的生涯发展模式。
- ◆ 社会学习理论主张增进来访者对技能、兴趣、信念、价值、工作习惯与个人素质的培养,通过学习突破困境,开启未来。

咨询思路

梳理现阶段生涯角色→探讨理想生活状态→明确差距→探讨时间管理或其他发展计划

方案设计

生涯平衡类议题的咨询方案样例见表 9-5。

表 9-5　生涯平衡类议题的咨询方案样例

达成平衡	无法平衡	达成平衡时间或无法平衡时间
收纳面谈 15min 生涯彩虹图 20min 角色饼图 20min 学习成长计划 5min 结束 5min	收纳面谈 15min 生涯彩虹图 20min 角色饼图 20min 如无法平衡,确定是否需要做出取舍,如果需要,后续操作参考生涯决策类议题。	65min 或 55min

注:因规划师和来访者均有差异,故方案无法完全标准化,本方案用于学习探讨。

工具推荐

- ☑ 67 节"价值观分类卡"
- ☑ 自我探索类工具中与生涯愿景有关的工具(见本书 69～72 节)
- ☑ 75 节"彩虹图"
- ☑ 76 节"角色饼图"
- ☑ 行动计划类工具(见本书 91～92 节)

案例举例

小张就读于某普通本科大学的会计专业,目前大一下学期在读。小张来寻求帮助是因为大二的排课增加了近 1/4,而且按照师兄师姐的经验和老师的建议,小张打算大二考取注册会计师(CPA)证书,所以报了课外补习班,补习班周六日上课,每天 6 小时。周一到周五上课,周六日还要参加补习班,这样满负荷的运转,让小张有些焦虑。小张还提到了自己英语基础非常弱,他还需要抽出很多时间和精力备考英语四级。大一的时候，班级原来的学习委员因故退学，小张参加了班干部竞选，通过同学投票顺利当选为班级学习委员，负责平时的日常学习管理工作和每月一次的主题班会记录。他同时还在学校社团任策划部干事，每学期要组织一次大型活动。

满满的大二的日程就这样铺展开来，小张想想就头疼，他觉得无法应付这么多事情，于是想到要辞掉学生干部和社团的工作，并对即将到来的大二生活做个时间规划。

咨询师动用了角色饼图工具：在不辞掉学生干部和社团工作的情况下，除去睡眠时间，请小张根据要应对的各个学习、工作任务，对大二的可利用时间做一个百分比统计。小张在咨询师的帮助下很快划分完毕，小张看到了学生干部工作几乎不占用精力，辞与不辞对他的时间分配的影响都不大，最让他惊讶的是他发现每周还剩余40多个小时的自由支配时间。小张不再恐慌焦虑，变得踏实许多，对大二的学习生活有了更为理性的计划安排。

46 生涯适应类议题

常见困惑

所谓生涯适应问题指的是生涯选择后出现的适应不良，包括主动的改变，也包括被动的调整。例如学生不喜欢所学专业或遭遇学业压力等学业适应问题，以及在职来访者由跳槽、晋升或组织变动等而引发的职业适应问题。

总之，生涯适应类议题可以概括为因适应不良引发的生涯发展需求。

理论整合

- 工作适应论提出了职业适应的两组维度：技能和工作要求，需要和工作给予。从个体角度而言，提升技能或者申请降低工作要求，调整个人期待或者提出个体诉求，这些调整都能够促进生涯适应。同时，适应并不意味着只能留任，工作适应论总结出了晋升、转岗、留任、离职4个适应后的发展方向。
- 社会学习理论主张促进来访者对技能、兴趣、信念、价值、工作习惯与个人素质的培养，通过创造新的学习经验，解决生涯议题。
- 金树人老师提出的因缘果理论主张关注内因的同时，保持对外部助缘的开放态度，用乐观、开放、弹性、适应、自省、好奇的生涯态度拥抱未来。

咨询思路

分析不适应的原因→明确发展方向→对个人、工作做出调整→制订行动计划

方案设计

生涯适应类议题的咨询方案样例见表 9-6。

表 9-6　生涯适应类议题的咨询方案样例

	不胜任	不满意	不胜任时间或不满意时间
第 1 次	收纳面谈 15min 探讨原因 10min 胜任力评估 20min 根据 GAP①制定目标 10min 细化成长计划 5min 结束 5min	收纳面谈 15min 探讨原因 10min 职业发展通路探讨 15min 布置任务：鼓励探索其他可能性 10min	65min 或 50min
间隔 1 周			
第 2 次		沟通探索结果 10min 针对每一种可能性进行明尼苏达工作适应论的 4 个维度的讨论 30min 明确意向，制订改变计划 15min 结束 5min	0min 或 60min

注：因规划师和来访者均有差异，故方案无法完全标准化，本方案仅用于学习探讨。
① GAP 是指目标/期待同现实情况的差距。

工具推荐

- ☑ 自我探索类工具中与技能探索有关的工具（见本书 63～66 节）
- ☑ 自我探索类工具中与价值观探索有关的工具（见本书 67、68 节）
- ☑ 69 节 "生涯愿景板"
- ☑ 71 节 "生涯幻游"
- ☑ 84 节 "岗位胜任力分析"

- ☑ 85 节 "工作满意度评估"
- ☑ 行动计划类工具（见本书 91、92 节）

案例举例

来访者晶晶目前是某 985 大学研究生二年级学生，研究方向为新能源材料。

晶晶因高考发挥失常被调剂到某二本高校冷门专业，后以优异成绩跨校、跨专业考取了 985 大学硕士研究生。读研半年过后，晶晶发现因好多专业知识本科没有学过，周围同学的英语水平也比她强，她感觉到自己没有能力单独完成日常的科研任务。课题组要求毕业生必须至少发表一篇科学引文索引（SCI）论文，这更让她感觉毕业遥遥无期，内心很痛苦，甚至萌生了退学的念头。晶晶还没想清楚自己毕业以后要找什么样的工作，了解到师兄师姐毕业以后的工作方向也很分散，她感到前途迷茫，常常怀疑自己当初为什么选择来读研究生。

生涯咨询师和晶晶做了深入的交流，帮助晶晶发现压力来源——跨考后的个人能力达不到学业要求（技能 – 工作要求）而产生的强烈挫败感。那么硕士的学业是否还要继续呢？咨询师动用了生涯幻游帮助晶晶畅想 5 年后的理想生活，晶晶意识到内心还是认可当下的专业方向的（需要 – 工作给予），这让晶晶迷茫焦躁的心平静下来。她决定静下心来完成一场学业上的攻坚战（留任）。

咨询师协助晶晶对当下的学业压力做了拆解，找到现在的能力短板主要集中在专业知识、英语两大方面。接下来咨询师支持晶晶根据自己的学习习惯和时间安排，制订了一学期的学习成长计划。

47 高中选科类议题

常见困惑

随着新高考改革的推进，高中生涯辅导愈发获得重视。

本节将聚焦包括高中生的大学专业选择和新高考的学科选择等热门议题，对青少年的生涯定向进行探讨。另外，本节也可以为国内志愿填报提供一些生涯发展的专业工具。

理论整合

- ◆ 霍兰德人格类型论主张来访者选择与兴趣匹配的学科和职业。
- ◆ 认知信息加工理论强调对内探索和对外探索是决策的基础，所以对于高中生来说，了解自己、了解意向的大学学科和职业是十分必要的。
- ◆ 社会学习理论主张拓展新的学习经验，积极尝试，拓宽视野，通过创造偶发事件主动为未来做积累和准备，优化和调整之前拟定的方向。

咨询思路

- ◆ 专业意向的确定：

兴趣探索，确定与兴趣匹配的学科范围→能力倾向探索，对学科范围进行再次筛选和聚焦→针对性地了解意向专业→听取家人意见，梳理家庭资源，修订专业范围

◆ 新高考选科：

按照上述方法确定专业意向→查询这些专业要求的选修科目→结合各科目成绩、学校提供的科目组合、本地区的竞争情况等因素综合做出判断

方案设计

高中选科类议题的咨询方案样例（见表 9-7）。

表 9-7 高中选科类议题的咨询方案样例

	专业意向确定	新高考选科	专业意向确定时间或新高考选科时间
第1次	收纳面谈　10min 自我探索：蝴蝶大梦　15min 自我探索：兴趣　20min 确定与兴趣匹配的大学学科范围　10min 布置作业：到阳光高考网有针对性地了解意向专业　5min	收纳面谈　10min 自我探索：蝴蝶大梦　15min 自我探索：兴趣　20min 确定与兴趣匹配的大学学科范围　10min 布置作业：到阳光高考网有针对性地了解意向专业　5min	60min 或 60min
	间隔 1 周		
第2次	交流专业探索的结果　10min 自我探索：能力倾向　20min 结合能力倾向的结果，对选定的学科范围筛选并聚焦　10min 鼓励来访者开放心胸，对意向专业多探索了解，开阔视野　5min 布置作业：将此结果告知家人，和家人讨论，梳理家庭资源，修订专业范围　5min 结束	交流专业探索的结果　10min 自我探索：能力倾向　20min 结合能力倾向的结果，对选定的学科范围筛选并聚焦　10min 布置作业：将此结果告知家人，和家人讨论，梳理家庭资源，修订专业范围　5min	50min 或 45min
	间隔 1 周		
第3次		交流专业范围的结果　10min 到招生考试院官网查询这些专业要求的选修科目　15min 综合本学校提供的科目组合、师资力量、竞争情况做出综合判断　20min 鼓励来访者开放心胸，对意向专业多探索了解，开阔视野　5min 结束	0min 或 50min

注：因规划师和来访者均有差异，故方案无法完全标准化，本方案用于学习探讨。

工具推荐

- ☑ 5 节"兴趣与大学专业的匹配"
- ☑ 自我探索类工具中与兴趣探索有关的工具（见本书 60～62 节）
- ☑ 65 节"能力倾向测验"
- ☑ 自我探索类工具中与生涯愿景有关的工具（见本书 69～71 节）
- ☑ 77 节"生涯乐谱"
- ☑ 86 节"家庭职业图谱"

案例举例

小美是一名普通高中的高一女生。父母带着 4 岁的弟弟外出务工，家庭收入水平不高。小美作为本省第一届新高考考生，面临"3+1+2"的选科走班，父母在这方面一点也帮不上忙，她期待咨询师帮助自己选一个适合的学科组合。

小美说自己喜欢的组合是历史 + 生物 + 地理，但是生物和地理成绩不理想，朋友们希望她学习物理，因为以后好找工作。小美也知道物理能选择的职业很多，但是"对物理没多大兴趣，虽然成绩还可以"。咨询师了解到从上高中以来小美参加了两次考试，每次考试中物理成绩在班上基本上都排在前几名，地理成绩基本都是中等水平，生物成绩比地理要差些。

基于上述基本信息，咨询师给小美做了测试，其能力倾向最突出的是数学逻辑和空间智能，这两项可以印证小美在物理等理科方面的潜力。咨询师还注意到了和历史相关的语言智能是小美得分最低的项目之一。于是咨询师很好奇，进一步询问小美为什么喜欢历史，而又不选物理,小美解释说"周围的朋友都选择的是历史,我不希望和好朋友分开,一来二去,我就心动了,再加上我不太喜欢现在物理老师,太死板了,历史老师比较好说话"。说完,小美意识到了自己的不理智,但内心仍然有些犹豫不定。

咨询师帮助小美探索了兴趣,其霍兰德人格类型是 RSI。小美讲述了从小就和表哥修打谷机、修家电、带小孩子的生活经历,讲得饶有兴致,印证了她的兴趣类型。在咨询师的指导下小美通过查询大学学科兴趣代码表,发现 RI 和大部分的理工类以及一些农学类专业是匹配的,再结合自己在数学逻辑和空间智能的优势,小美发现许多专业都很适合她,这让她很高兴。咨询师给小美布置了任务:去阳光高考网站上从推荐的这些专业中,查询她感兴趣的专业和职业介绍,下次见面时要用到。

下次见面,小美说她受到华为事件影响,在网上搜索了工程师职业介绍的信息。她认为华为之所以能在国际上有话语权,是因为技术很好,被别的国家的公司所羡慕。此外,她也想当中学老师,特别是希望做理科老师,认为天天和青少年打交道,会让心态保持年轻。如果成绩足够好,小美提到也喜欢当医生。因为家住山上距离医院比较远,如果有人生病,去医院是很麻烦的事,她有一位亲人就是因为送医院不及时而去世的。咨询师启发小美:她提到的工程师、理科教师、医生 3 个职业都有共同的地方,那就是它们都是理科。小美很惊讶,发现自己喜欢的学科方向原来都是偏理科的方向。咨询师帮助小美对于之前的选择有了新的觉察和思考。

为了选出最佳组合,咨询师和小美继续深入探讨。小美其实比较清楚自己未来的需求。她家里重男轻女思想很严重，她只能靠读书，找一个好的工作，以后能够自力更生，同时供养弟弟读书。小美说想通过自己的努力改变家境，让在外打工的父母不要再为生计奔波。咨询师拿出手机，和小美一起查询应届毕业生的薪酬和她感兴趣的几个职业的薪酬情况。

最后，因为新高考是赋分制，不能只看考试分数，咨询师将八校联盟的学生考试成绩拿出来，根据选科的意向统计，进一步发现小美的地理和化学转换成赋分制后相对更有优势。咨询师鼓励小美多和地理、化学老师交流，并到招生考试院的官网上查询她喜欢的这些大学专业和她的优势科目之间的关系。

最后一次见面，小美表现得很高兴，她告诉咨询师自己确定了物理＋地理＋化学的选科组合，也知道了自己未来的人生方向。关于要和好朋友分开的问题，小美说："不能再受朋友们的影响了，我有我的路要走，适合他们的路不一定适合我。"小美说这一周因为有了坚定的目标，学习效率也比以前高多了，心里不再摇摆不定。她将按照既定计划推进，觉得为了目标而努力的感觉特别踏实。班主任老师也反馈说，感觉小美明显比以前要自信得多。

第 10 章 终止跟进

48 单次咨询结束时要做的几项工作

生涯咨询的单次咨询时长通常在 60 分钟以内，常规情况下每周咨询一次。大都是 5 次以内结案的短程咨询，其中 3 次以内结案的情况十分常见。

然而，因来访者的急迫程度有差异，咨询师会根据实际情况调整每周见面次数，也有咨询师会调整每次咨询时长至 1.5 小时。此外，单次时长还有一些创造性的尝试，比如加州大学伯克利分校给本校学生提供 30 分钟的短程咨询和 15 分钟的迷你咨询。

单次咨询结束时，咨询师一般需要做以下工作。

（1）回顾本次咨询的目标和过程：

我们今天的咨询目标是……为此我们做了……

（2）询问来访者本次咨询的收获：

可以说说你今天最大的收获是什么吗？

（3）确定来访者回去要做的探索任务：

刚刚提到了要对……做职业信息收集，请按照我们的约定，下次见面时把你收集到的结果带来,便于我们推进后续工作。

(4)沟通下次咨询的时间和地点:

我们下次约在星期几合适?什么时间?

生涯咨询有可能会出现以下难以按时结束的情况。

- 咨询师因使用了某个咨询工具无法中途停止而延时。生涯咨询参考心理咨询,将 50~60 分钟作为一般设置,但我们在实务中发现生涯咨询有大量的如分类卡、生涯幻游等咨询工具,需要完整操作这个工具完才能结束本次咨询,使用这类工具可能耗时较多。因此,提醒咨询师设计方案时要考虑一下每个工具的操作时间。

此外,大城市交通成本较高,来访者经常希望见一次面能"多做点"工作,所以也有咨询师在时间设置上做了 1.5 小时/次的尝试,发现既能保证完整和充分地使用工具,也比较容易和来访者达成共识。

- 遇到健谈的来访者或来访者思绪万千,就容易出现来访者滔滔不绝地表达,且对时间完全没有概念的情况,新手咨询师可能会因不知道如何应对而导致延时。实务中,在结束前对来访者进行及时的提醒是个很有效的做法:

　　我们接下来还有 20 分钟即将结束本次咨询,你希望接下来这段时间把我们沟通的重点放在哪里?

- 咨询中偶尔会遇到来访者不愿结束咨询的情况。个别来访者出于"少花钱,多办事"的想法,希望继续和咨询师工作,咨询师对其提醒无效,所以建议在咨询协议中对"咨询延时"

进行明确的收费说明,咨询师现场也可以做些提醒。

如果来访者是因为又发现了新议题而不愿意结束咨询,那么咨询师需要和来访者约定新的咨询目标,设计新的咨询方案,继续支持来访者。

49 咨询师在咨询间隔期间要做些什么

一般情况下，咨询师在咨询间隔期间不与来访者进行关于咨询内容的沟通。叙事治疗流派有通过邮件等书面方式沟通的特殊技术，但这属于例外情况，咨询师可根据受训经历自行把握。

在此提醒咨询师，在间隔期间要做一项重要工作：整理个案记录。咨询师在征得来访者同意的情况下会做笔录或录音，及时对这些内容做整理，对个案进展情况进行总结，是咨询师的良好职业习惯，这样可以避免因个案数量较多而出现记错、遗忘等问题。个案记录表样例见表10-1。

表10-1 个案记录表样例

来访者：＿＿＿＿ 地点或方式：＿＿＿＿ 日期：＿＿＿＿ 第＿＿次咨询

项目	内容
来访者的困惑	
本次咨询目标	
咨询过程中的关键内容整理	
咨询师的总结及反思	
后续咨询方案及计划	
需要督导的问题	

对个案过程进行及时的整理和记录有很多种方法，其中 SOAP 模式在美国生涯咨询领域被广泛采用，我们可以借鉴其基础框架。

- 主观（subjective）：生涯咨询师对于本次咨询的主观感受，包括咨询进展的主观评价、咨询师理解到的来访者的情况、来访者与咨询师的互动和咨访关系等。
- 客观（objective）：咨询师观察和搜集到的来访者在咨询中进步的客观事实，也包括信息探索等客观情况的记录。
- 评估（assessment）：咨询师整合前面主、客观的内容，对此次咨询与整体咨询目标之间的关系进行分析评估，同样也可以对自己在咨询过程中的工作进行分析评估。
- 计划（plan）：咨询师聚焦如何继续帮助来访者，明确下一次咨询的重点，咨询师为此要做怎样的准备，来访者接下来可能需要完成哪些任务等。

上述记录也是后续进入督导程序的重要素材，整理本身可以促进咨询师对于个案的反思总结，发现咨询中忽略的细节，对咨询师的专业成长也大有裨益。

50 再次见面如何开启话题

对于来访者而言，生涯咨询的影响会发生在咨询间隔期间的工作和生活里。在此期间来访者的生涯问题可能有重大突破或遇到障碍，比如有来访者在这一周里会遇到新的职业机会，这个意外促进了来访者生涯问题的解决；也有来访者和上司的关系进一步恶化，加剧了跳槽的紧迫性……此外，组织变动、意外事件等都有可能在咨询间隔期间发生。

我们发现当来访者对生涯咨询有很大的期待时，经过了一周的沉淀后来访者也会有新的思考，对这次面谈抱有一些新想法。有时候来访者会对上次的咨询结果产生怀疑，比如做完兴趣探索，来访者在现场表示很认同，但回去之后又产生了疑问：我真的是这样的吗？那么咨询师需要继续帮助来访者深入探索，完成上一次咨询的未尽事宜。

因此，再次见面时咨询师不妨把开启话题的主动权交给来访者：

◆ 对于上一次咨询你有什么感受？
◆ 这几天发生了什么和咨询议题有关的事吗？
◆ 这一周你做了哪些实践或尝试吗？

在梳理和总结之后，和来访者探讨一下后续的安排：

◆ 你对接下来咨询的期待是什么？
◆ 本次咨询我们将……帮助你……好吗？

- 有没有什么是你认为对我们接下来的工作很重要,但我没有提到的?

再次面谈时几个看似简单的开场问题,在咨访关系中却有着非常重要的功能。咨询师的尊重、真诚、开放、好奇的态度会极大地支持来访者,及时地沟通也会让咨访关系越来越融洽,有利于工作同盟的稳固。

51 如何结束个案

在生涯咨询中,我们需要一些庆祝仪式去纪念所完成的一切,并通过行动计划预示将要到来的变化。

——阿蒙森(Amundson)

个案推动顺利完成后,咨询师便可以考虑终止跟进(见图10-1)。

图10-1 生涯咨询流程图中的步骤4

咨询师如何判断是否可以结案了呢?通常以达成初始访谈环节设定的"咨询目标"作为咨询结束的判断依据。

生涯咨询目标通常是帮助来访者解决具体而现实的生涯问题,比如做出选择、找到适合自己的职业方向、提升能力等,所以初始访谈的咨询目标设定非常重要,需要具体明确、可测量,咨访双方将以目标是否达成作为能否结案的依据。在初始访谈环节咨询师也告知了可能需要的咨询次数,所以在个案推动过程中,来访者经常会依据咨询目标判断咨询进度,对结束环节也通常会有充分的心理准备。

终止跟进这一步对于来访者而言,不仅是咨访关系的结束,还是新生涯旅程的开始。所以咨询师有以下重要工作需要完成。

（1）请来访者总结收获成长，表达其情绪和感受。

- 我们一起经历了3次咨询，你对于这段时间的生涯咨询，有哪些收获？
- 现在你内心的感受如何？

（2）回顾整个规划过程，和来访者一起总结最有帮助和最有阻碍的部分。

- 每段咨访关系都有发展得特别顺利的时候，也有推进缓慢的时候。你愿意分享一下在我们沟通的过程中，你认为对你最有帮助的部分吗？
- 你觉得哪些部分对你帮助最少，或阻碍了我们的咨询进展？

（3）总结规划达成的目标，明确后续的行动计划。

- 我们最初设定的咨询目标是……从你刚刚的描述来看，你已经得到想要的结果了。
- 很开心看到你找到了未来的方向，接下来你想到了哪些具体的行动计划呢？

（4）给来访者反馈其变化和进步，赋能并鼓励行动。

- 在过去的3周里，我们一起经历了一次对你而言很重要的生涯成长。我记得第一次见面时，你感到非常纠结和迷茫，想快点找到生涯发展的出路。我们一起做了……我感受到你对自己的……有了更充分的认识。然后，在对外探索环节，你突破了给自己设置的限制——当时你认为自己没有办法自主收集到有效的职业信息，事实上你通过努力找到了很多有效的职业信息资源，我相信这些方法和经验也会在未来的职业发展中帮助到你。最后你……看着你破茧成蝶，找到了内心最有力量的方向，我由衷地为你感到开心。

◆ 对于这次咨询，你还有没有想到或感受到，但还没有表达出来的想法？如果你想到了什么，可以说说。

结案后，提醒咨询师将来访者的个案记录和其他资料整理存档，以便咨询师自我总结和成长，以及当来访者日后再来寻求帮助时使用。

52 转介的几种情况

转介不是"提供一个机构的名称和联系方式"这么简单。

生涯咨询以解决具体而现实的生涯问题为主,当遇到需要心理咨询的个案时,咨询师如果没有相关资质则需要转介。然而转介不止上述一种情况,本文将哪些情况需要转介进行了整理。

情况 1：超出生涯咨询范围

来访者遭遇心理问题的困扰,需要心理咨询。比如上下级关系、情感问题等人际关系方面的困扰,或者来访者想改变自己某方面的个人特质（如胆小）,这些都需要心理咨询或治疗的知识和经验。生涯咨询师如果没有受训经验和资质,要明确告知来访者不能为其提供帮助并需要转介,具体如下：

（1）联络转介机构,确认对方可以接收；

（2）和来访者说明情况,征得来访者同意；

（3）向接收机构提供转介信息（见表 10-2）,完成转介流程；

（4）事后向转介机构跟进来访者的后续情况。

表 10-2 生涯咨询师转介单样例

申请日期：_____年_____月_____日	
接收机构或个人：	生涯咨询师：
经办人：	
接收机构或个人电话：	电话：

（续）

来访者	姓名：	性别：	年龄：	电话：
紧急联络人	姓名：	与来访者的关系：	电话：	
	姓名：	与来访者的关系：	电话：	

问题类别勾选（可复选）	☐家暴　　　　☐儿童虐待　　　☐性侵或性骚扰 ☐辍学　　　　☐生涯咨询　　　☐网络成瘾 ☐感情困扰　　☐情绪困扰　　　☐哀伤或失落 ☐重大伤亡之危机事件　　　　　☐厌学 ☐药物滥用　　☐自杀或自伤　　☐学习困扰 ☐性别议题　　☐人际困扰　　　☐家庭或亲子关系 ☐偏差行为（如暴力、霸凌、说谎、偷窃等） ☐其他类型（请具体描述）：
影响程度	☐轻度（尚能承受，需要多加辅导） ☐中度（问题已干扰到来访者的正常作息） ☐重度（问题已严重影响来访者及他人作息，须紧急处理）
来访者需要转介的主要问题	
生涯咨询师已提供的帮助	

					(续)
来访者对转介的态度					
接收机构或个人 签章 日期		经办人 签章 日期		生涯咨询师 签章 日期	

注：未成年人需要经过监护人同意，并签订同意书。

情况 2：超出生涯咨询师的能力范围

来访者的生涯问题较为复杂，或者因来访者与咨询师有双重关系等伦理问题，需转介其他咨询师或机构。

（1）向来访者说明转介原因，征得同意；

（2）推荐转介机构或个人；

（3）提供转介信息。

情况 3：来访者自己要求更换咨询师或机构

来访者不满意或出于其他原因，主动提出更换咨询师或机构，咨询师需要：

（1）询问来访者是否需要帮忙推荐机构或个人；

（2）如有必要，参考情况 1 的操作。

转介的注意事项

☑ 生涯咨询师如果不能确定是否需要转介，需要及时和督导

- ☑ 沟通。
- ☑ 生涯咨询师需要有心理咨询、心理治疗等社会资源手册并熟悉转介流程。
- ☑ 转介不是生涯咨询师的单方面行为,生涯咨询师需要真诚地和来访者说明情况,明确表达如果不转介,来访者的问题就无法得到解决,征得来访者同意后方可转介。
- ☑ 如有必要,生涯咨询师在来访者转介后第一次前往时进行陪同。[1]
- ☑ 如果来访者不接收转介,生涯咨询师需要明确告知无法帮助来访者,终止跟进。如果涉及保密例外原则的内容,那么生涯咨询师需要在第一时间告知来访者的监护人、紧急联络人或上报有关部门。

注:

[1] 李冠泓,王意妮,王蔚竣,等.咨商与心理治疗技巧密集训练手册[M].台北:天马文化事业有限公司,1999.

53 满意度评价和后期回访

为了帮助咨询师了解咨询效果，机构往往会在咨询结束后请来访者填写反馈或满意度评价（见表10-3）。

表10-3　生涯咨询反馈问卷样例

你好！

　　感谢你对我们的信任！为了不断提升生涯咨询的质量，保证咨询效果，我们特别设计了该反馈问卷，请根据实际咨询情况如实填写，你的意见将是我们不断改进和完善的动力。谢谢！

咨询师：_____

一、对本次咨询安排的感受
　　1.预约流程是否合理？
　　　　A.很不合理　　　　B.不太合理　　　　C.不清楚
　　　　D.比较合理　　　　E.非常合理
　　2.咨询环境是否舒适？
　　　　A.很不舒适　　　　B.不太舒适　　　　C.不清楚
　　　　D.比较舒适　　　　E.非常舒适

二、对本次咨询的感受
　　1.你咨询前后的心情变化如何？
　　　　A.变得更加焦虑　　B.没什么变化　　　C.心情变好
　　2.规划师是否有效解决了你所咨询的问题？
　　　　A.完全没解决　　　B.只解决了一小部分　C.没感觉
　　　　D.解决了大部分问题　E.基本解决了

（续）

三、对本次咨询的总体感受
    A. 没有收获   B. 有点收获   C. 不清楚
    D. 收获大   E. 收获很大

四、你是否愿意将职业咨询室推荐给你的同学？
    A. 很不愿意   B. 不太愿意   C. 不清楚
    D. 比较愿意   E. 很愿意

五、遇到相关问题时，你是否还愿意来职业咨询室咨询？
    A. 很不愿意   B. 不太愿意   C. 不清楚
    D. 比较愿意   E. 很愿意

六、这次咨询带给你怎样的收获？如果可以，请多写一点。
    _____
    _____
    _____

七、对我们还有什么建议吗？
    _____
    _____
    _____

来访者的反馈，尤其是对主观感受的描述，可以帮助咨询师更好地了解来访者内心发生了什么，对咨询师的专业成长非常有帮助。

来访者反馈：

其实和老师的这次职业咨询，对我来说更像是自我探索。我在自己固有的意识和观念中困顿已久，而 W 老师担任的是一个领路人的角色，他不会强硬地拉着我，告诉我"听我的，就这么走，这是对的，也是最好的"。他更像给我提供了一根拐杖，告诉我"你要自己走出来，但我可以给你帮助，靠着这些帮助，你会慢慢找到属于自己的方向"。当 W 老师让我对自己曾经的一段经历展开叙述并为之赋予一个意义时，我意识到这些回忆中带有自己很强烈的个人体验，而正是这些个人体验让我为之激动，唤起我的热情，这些回忆甚至包含了理想自我的影子。当 W 老师带领我畅想十年后我理想的生活画面时，我感觉到，我的过去和理想中的未来有着很强的关联性，我的潜意识里其实明白什么才是我真正的渴望。

我关于自己最核心的困惑就是：我真正的内在动力是什么？所谓的职业选择，关系到究竟什么是对的，什么是好的。到目前为止，我的生活轨迹、学习轨迹，都像是一条笔直的铁轨。一路直通所谓的稳定且幸福的人生。我想问问自己究竟会因什么而满足，但除了"幸福且稳定的人生"这个选项之外，所有的可能似乎都被剪掉了。每当我想向外圈试探的时候，理性就会找出很多借口，让我恐惧，从而回归"正轨"之中。在咨询中，老师通过一些很具象的问题，帮助我梳理，我发现我似乎一直被外界所谓的"试错恐惧"困扰，以至于连尝试的勇气都没有。在做出某个职业选择时，我会考虑到家庭、兴趣、社会、学历背景等。制约因素太多，但没有一个对我来说是最重要的。我现阶段最需要的，就是澄清我做决策时最重要的因素，通过实际的尝试，找到最适合自己的方向。坐而论道，不如起而行之，这是这次咨询于我而言最大的收获吧。

——选自"南大就业"公众号"在线咨询故事"专栏

来访者真诚地书写自己的收获和成长，也是对咨询师辛苦付出的赞赏与认可。在督导中，很多咨询师提到这也是自己获取工作价值感的重要途径。

除了即时反馈，也有机构或咨询师在咨询结束半年内会对来访者进行回访，了解来访者的后续生涯发展情况，借此评估咨询的有效性。

第 11 章　职业伦理

54　生涯咨询中的督导

寻求督导的帮助，是咨询师的重要成长方式。督导机制在美国较为普及，国内生涯咨询师对督导的重视程度还有待加强。在北森生涯培训项目的《全球生涯规划师的督导条例》中规定，生涯咨询师必须定时的（建议 1 周 1 次，至少 1 个月 1 次）和督导会面，回顾过去的工作情况并针对来访者和咨询情况的一些情况进行讨论。

当咨询师遇到了技术或工具使用方面的难点，或者遇到个案推进不顺利的状况，如果需要寻求支持和帮助，便可以向督导求助。此外，咨询师遇到个人成长议题，如发现自己总被相同的问题卡住等，这时候也可以向督导寻求支持。

基于上述需求，有 3 类督导可供选择。

- ◆ 上级督导：接受比自己更加成熟的生涯咨询师前辈或专家的督导；
- ◆ 同侪督导（也称作朋辈督导）：与自己经验差不多的同行进行讨论交流；

◆ 心理督导：遇到有心理议题的个案时，可以寻求心理咨询师的督导。

生涯咨询的督导形式也有 3 种常见类型。

◆ 一对一的个人督导：督导时常通常为 50 分钟或 1 小时；
◆ 一对多的团体督导：1 位督导师 1 次面向多位咨询师开展督导工作。如 1 名督导师对 3 或 4 名生涯咨询师，时长一般为 2 小时；
◆ 非正式督导：同侪间互相交流讨论，形式和时长比较灵活。

除了上述常见方式，最近也出现了借助网络平台，在一对一督导的同时有其他人观摩的新形式。这种创新的模式将督导和教学融合在一起，在督导结束前也开放一部分答疑时间和观摩者进行交流。

最后，在督导过程中难以避免要呈现案例，一般为咨询师口述呈现。咨询师需要将求助督导的问题、来访者的背景信息、咨询方案、选用工具等相关内容进行汇报。在此提醒咨询师应对来访者真实姓名做好隐私保护的技术处理。

55 生涯咨询师的自我接纳

世界上没有完美的助人者，在助人行业中没有"完美"这个概念。

——克拉拉·E. 希尔（Clara E. Hill）

很多生涯咨询师在接案前会担心自己做不好，从而内心感觉很焦虑。

一位新手生涯咨询师因为焦虑而不敢接案，觉得自己"没有准备好"，担心自己会耽误了来访者。在督导的帮助下，咨询师看到了自己认真负责的态度，同时也看到了隐藏在内心的一个限制性信念。

咨询师发现了焦虑背后的不合理期待，即希望"在岸上把游泳学会了，再下水"。于是咨询师调整了对自己现阶段的要求，在督导的帮助下，找到了自己在咨询技能上存在的短板：不知道如何个案概念化及设计咨询方案。咨询师聚焦目前的成长目标，借助案例学习和对经典知识的复习等方式，对技能短板做了提升。经过一段时间的充电学习和认知调整，咨询师觉得自己准备好了，可以接案了。

除了做好知识技能的储备，生涯咨询师在咨询初期也需要接纳个人能力和经验的不足。咨询水平的提升无法脱离和来访者的真实互动，就像没法在岸上学会游泳后再下水一样，我们终究要跨过不成熟的阶段才可能成为资深咨询师。

生涯咨询本身注定是一项和遗憾共舞的工作。在个案推进的过程中，一问一答之间需要咨询师在几秒钟甚至更短的时间内做出反应，咨询师无法深思熟虑后再给出回应。如果把整个咨访对话的过程记录下来，相信所有的生涯咨询师都会发现有可以优化和改善之处。在助人行业就没有"完美"这个概念，无论多么成熟的生涯咨询师，也都必然要学会接纳咨询过程中的不完美，并且在不断地反思中成长。因此，生涯咨询师的自我成长是持续性的，贯穿于整个职业生涯。学着去接纳并不完美的自己，不苛责自己，也不逃避问题，必要时可以寻求督导的帮助。

一位很有生活智慧的长辈嘱咐在外地打拼的晚辈：

你们租房时，记得把租房的日子过好，别想着现在将就一下，等以后买房子了再如何；

等你们买了房子，也别想着现在将就一下，等以后换了大房子再如何。

过好每个人生阶段，不沉溺于过去，也不活在对未来的幻想里，这是你们能给每个人生阶段最好的交代。

学会拥抱真实的自己，既是生活带给我们的功课，也是咨询师成长的必由之路。

56 尊重来访者的选择自由

爱与权力互为对方的阴影。

——荣格

生涯咨询经常要面对的议题是"人生的路该怎么走才对",对于这个问题没人能给出标准答案,咨询师的经验和观点只是人生的一种可能性。

来访者是位新手妈妈,她纠结于个人职业生涯发展和家庭平衡的问题。生涯咨询师是一位信奉"女性要以家庭为重"的长辈,于是语重心长地给来访者做了半小时的说服教育,并多次强调"不然你会后悔的"一类想法。

结果咨询师遭到了来访者的投诉——"和咨询师沟通让我心里堵得慌""我本来也这么想的,但咨询师这么一说反而激起了我的叛逆",来访者明确要求更换咨询师。

当来访者的价值观和生涯咨询师不同时,咨访关系很容易产生或大或小的裂痕。尊重来访者的选择自由,不仅因为不同的人生有不同的活法,而且因为咨询师需要觉察自己内心的投射性认同。

一位咨询师描述了自己的一段亲身经历。咨询师是一位大学的辅导员老师,当年她有一名非常得力的学生干部,两人亦师生亦好友,交情深厚。

56 尊重来访者的选择自由

学生干部大四快毕业时，因面临两个选择而犹豫不决：一是到国外一所大学留学深造；二是留校做辅导员，工作三年后读本校研究生。该学生干部找到她商量该怎么办。咨询师当时一心想帮助这个学生干部，经过多次交流后，学生干部决定出国。

然而，两个月后，学生干部没和咨询师打招呼，就选择了留校。咨询师非常惊讶，对学生干部没和她说一声感到非常不解，生起了负面情绪。两人就这样成了同事，但关系变得微妙而尴尬，她几次发现学生干部会故意躲着她走。

在督导的帮助下，咨询师做了自我反思：在她和学生干部讨论留学还是留校时，她最后几次态度鲜明地支持学生干部出国，并激情澎湃地说了很多出国留学的好处。因为她的主张太明显了，学生干部可能不知道怎么对她开口，于是没告知她最后的选择。

咨询师为什么会极力主张出国呢？咨询师突然意识到这和自己当年的遗憾有关。咨询师本科毕业有机会出国留学，却遭遇家人阻挠，最后选择了一份家人觉得稳定的工作。如今关系如此亲近的朋友面临着和自己几乎一模一样的选择，咨询师把积累了这么多年的遗憾——对出国的向往、对留学的价值的向往、自己没能实现的未来——全部投射到了来访者身上。

最后，咨询师做了深刻的反省："当我态度鲜明地主张出国时，已经不是在建议，而是在说服。同时，从主张出国的那一刻开始，我就不是在帮助学生了，我在帮我自己。"

咨询师期待来访者能实现自己未完成的人生遗憾，这严重地违背了职业伦理。上述案例中的状况其实更常见于亲子关系中，比如父亲当年没有机会读大学，所以将这个遗憾投射在孩子身上，倾尽全力希望孩子能考个好大学，孩子成绩不理想时会严加责骂和惩罚。父亲甚至没有觉察到没考上好大学其实是自己的遗憾，还一直认为自己这么做是为了孩子好。东方文化下父母为子女承担的责任更重，更容易在亲子互动中出现上述情况。这也酿成了有些家庭的悲剧——子女等父母的一句道歉，而父母等子女说声谢谢，最终双方都没得到自己想要的。

综上，在咨询伦理范围内，来访者拥有选择自己人生方向的权利，同时也承担选择后的责任。当来访者不违背国家的法律法规，没有伤害自己或伤害他人时，咨询师要秉持接纳、开放、尊重的职业素养，接纳来访者的多元价值观。

然而，要做到这一点并非易事，咨询师需要不断磨练内功，了解自己。正如前辈所说："即便短时间无法做到不戴有色眼镜，至少也需要知道自己戴的眼镜是什么颜色的。"

57 避免双重关系

你的一位亲属知道你在从事职业生涯咨询工作，她的孩子正面临高考填报志愿的问题。她请你提供一个规划，看这个孩子适合什么样的专业。你会如何回应这一请求？

倘若这位亲属和孩子在填报志愿上有很大的分歧，亲属希望借用你的专家身份劝说孩子听从自己的意见，你又会怎样处理？

在上述案例中，咨询师陷入了一种尴尬的处境：到底是站在家长这边做说客，还是帮助孩子追寻自己的生涯理想呢？这种尴尬源于咨访之间还存在其他的社会关系，这种状况被称为双重关系或多重关系。

生涯咨询中常见的引发双重关系的情况，包括家长学完生涯咨询培训要给孩子做咨询，领导要给下属做咨询，也包括有些人给自己的爱人等其他存在亲密关系的人做咨询的现象。上述这些情况都有可能面临双重关系的挑战，影响咨询师的专业判断，甚至根本无法建立咨访关系。即便咨询师将自己放在咨询师位置上，试图抛开一切杂念，用生涯咨询的技术和工具帮助来访者，但来访者很可能并没把对面的人当成自己的生涯咨询师。因为存在着其他社会关系，来访者很可能不会把真实想法表达出来。比如有些负责本学院就业工作的辅导员老师，想利用课上所学帮助有生涯困扰的同学，但发现个别同学有明显的抗拒心理，学生认为"老师换了一个方式催自己就业"。这种深深的不信任导致咨访关系无法建立，生涯咨询也就无法开展。

双重关系不仅会导致咨访关系无法建立，还会给咨询师带来其他棘手的难题。

督导中，有咨询师帮助领导的孩子做了一次生涯咨询，在咨询过程中孩子讲述了很多家庭矛盾，甚至也吐槽了该领导在生活中的一些坏习惯。个案结束后，咨询师尴尬地发现虽然咨访关系解除了，但在工作中还需要和领导一起共事，这些"不能为外人道的家丑"也让上下级关系变得极其尴尬。

面对双重关系的伦理问题，咨询师可以和自己信赖的其他咨询师结成互助小组，对有双重关系的来访者进行彼此的转介，双方可以提前就是否收费等问题做好约定。

此外，避免双重关系的另外一层含义还包括生涯咨询师不得发展双重关系，即在生涯咨询过程中和结束后的一定时间内，生涯咨询师不应该和来访者建立任何包括性、身体、感情上的亲密关系。生涯咨询师在咨询状态下表现出对来访者的接纳、共情、亲和、尊重等态度，对于有些来访者是有强烈吸引力的，但咨询师呈现的是工作状态，来访者看到的是带着职业光环的专业形象。一旦建立亲密关系，咨询师回归生活中的本色，容易让来访者产生心理上的落差，进而带来伤害。

58 打破限制性信念

生涯咨询师的助人工作，会被一些限制性信念所阻碍，比如：
- 我必须帮助每一名来访者。
- 如果来访者没有进步，是我的错。
- 我是来访者职业发展中最重要的人。
- 我应该始终保持工作热情高涨、效率很高。
- 我必须随时待命，来访者在任何时间来找我，我保证随叫随到。
- 来访者的需求总是比我的需求重要。
- 我是生涯咨询师，所以自身的生涯状况要成为良好职业发展的典范，不应该有发展困惑。

咨询师可以对上述常见的限制性信念进行一次自我检查。

其中，如果来访者的期待超出了我们的能力范围而不能被满足，来访者的失落很容易让我们产生挫败感。我们需要明确的基本事实是：我们提供的帮助是有边界的，不是所有来访者的所有生涯问题都可以在我们的帮助下解决。每名来访者有自己的外部支持系统，咨询师只是来访者的求助资源之一，即便咨询师没能帮助到来访者，来访者还有家人、朋友、同学、老师等很多资源。

因生涯咨询工作的特殊性，咨询师自己的身心状态就是成功助人的重要保证，照顾好自己和帮助来访者是不可分割的。咨询师如果透支了助人的热情，长期忽略个人需要，容易引发"助人倦怠"，对工作产生无力感、厌恶，甚至排斥。咨询师如果遇到了类似的问题，需要及时寻求督导的支持。

最后，生涯咨询师也会遇到职业的烦恼，就像医生也会生病一样。生涯咨询师比起非专业人士，更容易轻松地解决某些生涯问题。然而，当遇到复杂的生涯议题，咨询师感觉自己无法应对时，如果咨询师认为自己从事的生涯咨询是有用的，那么不妨做一次来访者吧。

第三部分

个案推动环节的工具箱

第 12 章 自我探索类工具

59 自我探索类工具列表
自我探索能够促进来访者自我发现和自我觉察。

生涯咨询中的自我探索有分析问题和解决问题的双重作用，所以 12～16 章将自我探索和对外探索，连同决策、行动计划、求职准备等模块的常用工具做了内容优化和流程设计。本章的操作流程只作为一般性参考，实施时所有工具并非都一成不变、按部就班，请咨询师灵活把握。

在介绍具体的工具之前，我们有必要对自我探索的目标做出说明：自我探索的主体是来访者，自我探索就是让来访者对自己有更多的觉察和认识，进而促进其生涯问题的解决。在督导中经常出现新手咨询师误认为，自我探索的目的是帮助咨询师对来访者有更多的了解，这是个常见的误区。

自我探索的工具有很多，我们选择了部分经典工具进行梳理，按照功能的不同做以下分类。

◆ 兴趣：国内生涯咨询中提到的兴趣，一般情况下指的是霍兰德人格类型。当来访者希望了解自己对什么感兴趣、做什么更容易产生持续的动力进而快乐地工作时，通常会选择做兴趣探索。兴趣划线、六边形自评、社团有约、蝴蝶大梦、测评常用于探索兴趣。

◆ 能力：当成人来访者希望了解自己的优劣势，想要提升个人工作能力，想扬长避短、确定职业方向时，需要做能力探索。因青少年的能力还有待锻炼和培养，所以通常我们对青少年会进行潜力（能力倾向）探索，用来帮助青少年确定大学专业或者新高考选科等。技能分类卡、成就事件、能力倾向测验、学习风格测验、测评常用于探索能力。

◆ 价值观：当成人来访者想确定自己到底想要什么，以及在做决策前分析利弊时，会探索职业价值观。青少年的价值观还在形成中，咨询师通常会先帮助他们探索生涯信念。价值观分类卡、生涯信念梳理、生涯愿景板、蝴蝶大梦、生涯幻游、愿景访谈、生命线、测评常用于探索价值观。

◆ 生涯愿景：当来访者不知道想要什么样的未来，想探索理想的生活和职业状态，想寻找远期目标时，比较常用生涯愿景类工具。生涯愿景类工具能使来访者内心的期待更加具象且有画面感，比抽象的分析和思考更能触动来访者的内心。生涯愿景板、蝴蝶大梦、生涯幻游、愿景访谈可用于探索生涯愿景。

◆ 发展历程：当来访者需要梳理一路走来的生涯历程，并对未来进行展望和规划时，会用到发展历程探索类工具，此类工具适用于大部分个案。考虑到短程咨询的次数有限，此类工具在复杂的成人个案中应用较多。生涯自传、生命线、彩虹图、生涯乐谱可用于探索发展历程。

- ◆ 角色梳理：当学习、工作和生活等多种角色出现冲突，来访者觉得时间和精力不足时，咨询师可以使用角色梳理类工具。彩虹图、角色饼图、生涯乐谱可用于角色梳理。

按照上述自我探索的常见需求，为了更好地帮助生涯咨询选择合适的工具，现对本书介绍的自我探索工具分类如表 12-1。

表 12-1 自我探索工具分类

	兴趣	能力	价值观	生涯愿景	发展历程	角色梳理
兴趣划线	✓					
六边形自评	✓					
社团有约	✓					
技能分类卡		✓				
成就事件		✓				
能力倾向测验		✓				
学习风格测验		✓				
价值观分类卡			✓			
生涯信念梳理			✓			
生涯愿景板			✓	✓		
蝴蝶大梦	✓		✓	✓		
生涯幻游			✓	✓		
愿景访谈			✓	✓		
生涯自传					✓	
生命线			✓		✓	
彩虹图					✓	✓
角色饼图						✓
生涯乐谱					✓	✓
测评	✓	✓	✓			

60 兴趣划线

适用范围：所有人群的兴趣探索
推荐指数：★★★★★

操作要点如下。

步骤一　介绍并邀请

- 为了帮助你更好地了解自己的职业兴趣，接下来我想邀请你做个画线的活动，你愿意试试吗？

步骤二　指导语

- 这张纸上有一些文字描述，请边阅读边用笔勾出你觉得符合你个人特点的句子或者词语。不用做筛选，看到符合你的就可以勾出来。

（1）参与者情绪稳定、有耐性、朴实、坦诚，宁愿行动，不喜多言，喜欢用实际行动表达自己的关心和爱。喜欢讲求实际，在动手操作中从事明确固定的工作，制造完成有实际用途的物品。对机械与各种工具使用较有兴趣。生活上很务实，相对于未来的想象更重视眼前的事，比较喜欢独自工作。参与者大都从事机械、电子、土木建筑、农业等工作。

（2）参与者善于观察、思考、分析与推理，喜欢用头脑依自己的步调来解决问题并盘根问底。不喜欢别人给他指引，工作时也不喜欢有很多限制和时间压力。做事时喜欢经过思考提出新的想法和方案，但对实际解决问题的细节兴趣不大。不是很在乎别人的看法，喜欢和有相同兴趣或专业背景的人讨论，否则还不如自己看书或思考。参与者大都从事生物、化学、医药、数学、天文、哲学、宗教等相关工作。

（3）参与者直觉敏锐，善于表达和创新。他们希望借文字、声音、色彩来表达创造力和美的感受。喜欢自由自在的工作，不喜欢管人和被人管，在无拘无束的环境下工作最开心。生活的目的就是创造不平凡的事物，所以他们总喜欢与众不同的创意。和朋友的关系比较随兴。参与者大都从事音乐、写作、戏剧、绘画、设计、舞蹈等工作。

（4）参与者对人和善，容易相处，关心自己和别人的感受，喜欢倾听和了解别人，也愿意付出时间和精力去解决别人的冲突。喜欢教导别人，并帮助他人成长。他们不爱竞争，喜欢和大家一起做事，一起为团体尽力，喜欢融洽和睦的氛围。交友广泛，关心别人胜于关心工作。大都从事教师、志愿者、社会工作、医护等相关工作。

（5）参与者精力旺盛、生活节奏快、喜好冒险竞争，做事有目标并具有行动力。不愿花太多时间仔细研究，希望拥有权力去改善不合理的事，喜欢掌控全局。他们善用说服力和组织能力，希望自己的表现被他人肯定，并成为团体的焦点人物。不为现阶

> 段的成就所满足，也要求别人跟他一样努力。参与者大都从事管理、销售、司法等工作。
>
> （6）参与者个性谨慎、踏实，做事讲求规矩和精确。喜欢在有清楚规范的环境下工作，尤其热爱整理工作。他们做事按部就班、精打细算，给人的感觉是有效率、精确、仔细、可靠而有信用。他们的生活哲学是稳扎稳打，不喜欢改变或创新，也不喜欢冒险或领导，安安稳稳、踏踏实实就好。参与者大都从事银行、金融、会计、秘书等相关工作。

- 如果从你画线的句子和词语中选出 3 个最符合你的，你会选哪 3 个？请做个标注。

步骤三　联系生活、学习或工作，促进来访者对兴趣特质的自我觉察

- 我看到你选择的第 1 个最符合你特点的是_____，你能举个学习、生活或者工作中的例子吗？能再举个和这个特点有关其他例子吗？
- 我看到你选择的第 2 个最符合你特点的是_____，你能举个例子吗？能再举一个吗？
- 我看到你选择的第 3 个最符合你特点的是_____，你能举个例子吗？能再举一个吗？

步骤四　促进来访者自我认同，引导来访者思考兴趣探索对其解决生涯困惑的帮助

- 你觉得画线的内容能代表你突出的个人特点吗？

◆ 做完这个活动，你有什么感受或发现？

◆ 如果有机会在接下来的学业或职业中，学习或从事这些符合你个人特点的专业或工作，试着设想一下这会给你带来什么样的感受？

◆ 你之前想过有哪些和我们今天探索到的_____相关的专业或职业吗？

◆ 我们接下来到 O*NET Online 系统（或其他数据库）中查询一下，看看有哪些职业和你的兴趣是匹配的，好吗？

注意事项

☑ 本工具借鉴了金树人的霍兰德分类描述，对内容和操作步骤做了重新调整和设计。

☑ 从画线情况中，咨询师可以看出来访者的兴趣类型分布，同时也能知道具体感兴趣的点。

☑ 有些来访者画线的内容不是该类型的典型表现，所以咨询师要做仔细甄别。

☑ 画线完毕之后，咨询师是否告知来访者其兴趣类型要根据具体情况而定，有些个案是不必告知其兴趣类型的。

☑ 兴趣探索的重点是促进来访者的自我觉察和自我发现，因而鼓励来访者结合自身经验举例子，这样能够很好地帮来访者了解自我。

☑ 在兴趣探索后要回应来访者的咨询需求，比如来访者想知道自己感兴趣的职业，那么就要和来访者探讨哪些工作是与兴趣相匹配的。

61 六边形自评

适用范围： 所有人群的兴趣探索
推荐指数： ★★★★★

操作要点如下。

步骤一　介绍并邀请

◆ 为了帮助你更好地了解自己的职业兴趣，我接下来会描述6种不同类型的活动，请你分别评估这些描述与你的情况相符的程度。现在我们可以开始吗？

步骤二　指导语，联系生活、学习或工作，促进来访者对兴趣特质的自我觉察

◆ 第1种类型：请你回顾从小到大的成长经历，你觉得自己是一个喜欢动手操作的人吗？比如使用工具、机器制造或修理东西，或者喜欢做手工、编织、刺绣、做衣服、做饭等。

（如果来访者说"是"则询问1～5题，说"否"直接跳到第4、5题即可）

（1）能举一些关于这方面的例子吗？
（2）你从事这些活动的时候，内心感受如何？
（3）你会觉得很投入，时间不知不觉就过去了吗？
（以下两个问题是必答题）

（4）如果从0到10给你自己这方面的特质打分，你会打几分？

（5）这个分数对你而言，是高还是低？

- 好的，接下来看第2种类型：你平时喜欢观察、研究，分析和解决问题吗？比如喜欢探索和理解事物，喜欢问为什么，喜欢研究那些需要思考的抽象问题，对找到问题的答案和背后的规律充满兴趣。

（如果来访者说"是"则询问1~6题，说"否"直接跳到第4~6题）

（1）能举一些关于这方面的例子吗？

（2）你从事这些活动的时候，内心感受如何？

（3）你会觉得很投入，时间不知不觉就过去了吗？

（4）如果从0到10给你自己这方面的特质打分，你会打几分？

（5）这个分数和刚刚的第1种类型相比，你觉得更符合你还是更不符合你？

（6）参考一下刚刚第1种类型的打分，你觉得是否需要对这个分数做些调整？

- 好的，接下来看第3种类型：你平时在意美感吗？比如对好看或品位比较在意，喜欢文学、音乐、艺术和表演等，喜欢在生活、工作中发挥创意，想出新点子，喜欢别出心裁？你喜欢不被约束的感觉吗？

（如果来访者说"是"则询问1~3题，说"否"直接跳到第3题）

（1）能举一些关于这方面的例子吗？

（2）你从事这些活动的时候，内心感受如何？

（3）和前两种类型做比较，如果从 0 到 10 给你自己这方面的特质打分，你会打几分？

◆ 好的，接下来看第 4 种类型：你平时愿意与人相处吗？比如关注自己和他人的内心感受，喜欢融洽和谐的人际关系，愿意帮助别人、关爱他人，喜欢与人合作。

（如果来访者说"是"则询问 1～3 题，说"否"直接跳到第 3 题）

（1）能举一些关于这方面的例子吗？

（2）你从事这些活动的时候，内心感受如何？

（3）和前面的类型做个比较，如果从 0 到 10 给你自己这方面的特质打分，你会打几分？

◆ 好的，接下来看第 5 种类型：你平时喜欢影响、说服别人吗？比如希望拥有话语权，喜欢领导和支配别人，喜欢说服他人，善于统筹和掌控。你是个乐于追求成就，目标感很强，勇于挑战的人吗？

（如果来访者说"是"则询问 1～3 题，说"否"直接跳到第 3 题）

（1）能举一些关于这方面的例子吗？

（2）你从事这些活动的时候，内心感受如何？

（3）和前面的类型做个比较，如果从 0 到 10 给你自己这方面的特质打分，你会打几分？

◆ 好的，接下来看第 6 种类型：你平时喜欢稳定、有秩序的活动吗？比如喜欢明确的规则，希望确切地知道具体的要求和标准，愿意在一个集体中处于从属地位，喜欢对文字、数据和事物进行细致有序的处理以达到特定的标准。有条理、踏实,有执行力。

(如果来访者说"是"则询问1~3题,说"否"直接跳到第3题)

(1)能举一些关于这方面的例子吗?

(2)你从事这些活动的时候,内心感受如何?

(3)和前面的类型做个比较,如果从0到10给你自己这方面的特质打分,你会打几分?

步骤三　促进来访者自我认同,引导来访者思考兴趣探索对其解决生涯困惑的帮助

◆ 通过刚才的沟通,将分数标记在六边形上,就形成了你的兴趣类型分布图(见图12-1)。

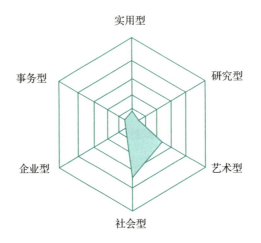

图12-1　六边形自评示意图

◆ 从图中不难看出,你的兴趣主要集中在_____几个方面。

◆ 这个活动让你有什么感受,或对自己有什么发现吗?

- 如果有机会在接下来的学业、职业中，学习、从事这些符合你个人特点的专业、工作，试着设想一下你会有何感受？
- 你是否想过和这几类兴趣相关的专业、职业有哪些吗？
- 我们接下来到 O*NET Online 系统（或其他数据库）中查询一下，看看有哪些专业、职业和你的兴趣是匹配的，好吗？

注意事项

☑ 描述每一种类型的时候节奏慢一点，给来访者思考这些词条和自我梳理的时间。

☑ 打分后开放地询问来访者自己有何收获和发现，是促使来访者自我觉察的好方式。

☑ 告知来访者其兴趣类型时要避免把咨询变成教学。

62 社团有约

适用范围：青少年和大学生的兴趣探索

推荐指数：★★★★

操作要点如下。

步骤一　介绍并邀请

◆ 为了帮助你更好地了解自己的职业兴趣，我们现在一起做个游戏。想试试吗？

步骤二　指导语

◆ 假如学校要举办社团活动，请从下面的 6 类社团中选出你最感兴趣的 3 类。选择的标准是你觉得该社团符合你的个人兴趣，并且你有机会在社团里结识到很多志同道合的人。请试着选选看。

（1）"DIY"工坊：社员坦诚直率、不喜多言、擅长手工、喜欢自己组装零件、喜欢独立完成事情，社员会参与如园艺制作、编织、模型制作等。

（2）探索发现营：社员善于观察研究、推理分析，并且独立自主、重视论据、办事严谨，能从探索中获得快乐，喜欢观察、探讨专业问题，如天文、科学、哲学问题等。

（3）巴黎艺术区：社员追求美感、直觉敏锐、独立随性、有艺术气质，喜欢音乐、舞蹈、美术、文学，有想象力，喜欢自由的生活。社员会参加如美工班、吉他班、绘画班、摄影班、热舞社等兴趣特长班。

（4）爱心家族：社员关心社会、待人和善温暖、容易相处、热心公益，喜欢做教育等助人工作，喜欢和他人分享。社员会参与支教等志愿活动。

（5）领袖天地：社员个性外向、精力旺盛、有进取心、乐于冒险、积极且有组织能力、有说服力，喜欢负责规划，希望受人肯定。社员会参与如辩论、领导力提升等活动。

（6）稳扎稳打小分队：社员性格谨慎、力求精准、不求表现，做事稳扎稳打，不喜欢太多的改变和冒险，善于处理琐事，做事井然有序、执行力强。社员会擅长如物品收纳、归档整理、勘验校对等工作。

步骤三　联系生活或学习，促进来访者对兴趣特质的自我觉察

- 我看到你选择了_____这几类，可以分别说说这些社团吸引你的是什么吗？
- 你提到了_____比较吸引你，能举个学习、生活或者工作中的例子吗？（需要针对每个类型逐一举例。）

步骤四　促进来访者自我认同，引导来访者思考兴趣探索对其解决生涯困惑的帮助

- 做完这个活动，我们一起总结一下：你发现自己有哪些比较突出的兴趣特质？

◆ 如果给这些兴趣按照符合程度排个顺序，你觉得最符合你的是什么？其次呢？再次呢？

◆ 如果有机会在接下来的学业、职业中，学习、从事这些符合你个人特点的专业、工作，设想一下这会给你带来什么样的感受。

◆ 你是否想过和我们今天探索到的兴趣特点相关的专业、职业有哪些吗？

◆ 我们接下来到 O*NET Online 系统（或其他数据库）中查询一下，看看有哪些职业（或专业）和你的兴趣是匹配的，好吗？

注意事项

☑ 此工具带有一定的游戏属性，相对生动有趣，适合青少年群体。

☑ 因为社团这样的场景是虚拟的，准确性会受到一定影响，偶尔会遇到来访者提及诸如"不是喜欢才选择的，只是想锻炼自己""这个我没试过，出于猎奇心理很想尝试一下"等非兴趣因素的干扰，需要咨询师协助来访者做辨别。

63 技能分类卡

适用范围：大学生和成人的能力探索

推荐指数：★★★★★

操作要点如下。

情境一：明确个人优劣势，供职业选择时扬长避短

步骤一　邀请介绍

◆ 为了帮助你更好地了解自己的优劣势，我想邀请你接下来做个卡牌游戏，你愿意试试吗？

步骤二　指导语

◆ 请根据坐标牌的提示，根据你自身的实际情况，把这些能力卡放到相应的位置上（见图12-2）。这些卡牌交给你，遇到任何问题，你随时都可以和我交流。

图 12-2　技能卡牌摆放示意图

步骤三 联系生活、学习或工作，促进来访者对个人特质的自我觉察

- 根据摆放的结果，左上角的卡牌是你的相对优势，右下角的卡牌是你的相对劣势。
- 针对优势区域里的卡牌，你会想到工作、生活中的哪些经历？你可以逐一分享，也可以把几个相关的组合在一起说。
- （如果优势区域里有很多张卡牌）能否给你的优势做个分类？
- （如果劣势区域里有很多张卡牌）能否给你的劣势做个分类？

步骤四 促进来访者自我认同，引导来访者思考自我探索对其解决生涯困惑的帮助

- 通过这次活动，你发现自己的优劣势分别是什么？
- 如果把你的优势变成核心竞争力，你觉得可以如何强化并展现你的优势？
- 右上角的成长区有哪些能力可以短期内得到提升，成为你的优势？
- 根据你的优劣势可以组合出哪些职业方向？我们头脑风暴一下你从事哪些工作可以扬长避短吧。
- 在这次活动里你还有哪些收获和觉察？

情境二：对个人能力进行盘点，为自我提升确定方向

步骤一 邀请介绍

- 为了帮助你梳理个人能力的长短版，我想邀请你接下来做个卡牌游戏，你愿意试试吗？

步骤二　指导语

◆ 请根据坐标牌的提示，根据你自身的实际情况，把这些能力卡放到相应的位置上。这些卡牌交给你，遇到任何问题，你随时都可以和我交流。

步骤三　待摆牌结束后，确定提升哪些能力

◆ 你的目标职业要求你具备哪些能力？试着在摆好的卡牌中把它们找出来，看看它们都分布在哪些区域。

◆ 针对你的目标职业，结合刚刚做的能力盘点，你希望提升哪些能力？请挪动相应的卡牌，将其摆放到你希望的区域里。

◆ 我刚看到你挪动了若干张卡牌。接下来，如果从挪动的卡牌中，根据重要或者急迫程度选出 1~2 项能力作为未来半年的重点，你会选择什么？

步骤四　制订成长计划

◆ 你需要我协助你针对这 1~2 项能力，制订成长计划吗？

◆ 每个人都有自己的学习习惯，有人愿意看书，有人偏好找前辈交流，大家的学习方法都不尽相同。不知道你平时自我成长都偏好哪些学习方式？或者你发现哪些学习方式对你来说很好用？

◆ 这是纸和笔，供你一边想一边做点记录。你刚提到用_____的方式，具体的方法都有什么？你想到有哪些资源可以支持到你？你打算如何做？

◆ 那我们把上面想到的内容，按照时间顺序整理出接下来的行动计划吧。

注意事项

☑ 利用卡牌所做的是一次能力盘点，适用于来访者不知道自己的优劣势以及要提升什么能力时。不过，有时来访者明确知道自己要提升某项能力，这时不必使用卡牌。

☑ 卡牌中的能力基本都是通用能力，不包括各种职业的专业知识技能，所以卡牌里是没有专业知识类的词条的，咨询师使用时要注意提醒来访者对这方面做补充。

☑ 卡牌摆放表明的是来访者个人的相对优势、相对劣势，参照对象是来访者自己。因此卡牌无法帮助来访者在同类人群中进行对比，如果遇到这种需求要使用测评。

64 成就事件

适用范围：所有人群的优势探索

推荐指数：★★★★★

操作要点如下。

步骤一　指导语

◆ 接下来我们一起探索一下你的优势。请试着回忆一下在你近些学期或年让你特别有成就感的事，至少5件，想到后简单地写下标题，我们稍后逐一交流。

◆ 好的，如果从中选出一件最令你有成就感的事，你会选哪一件？我们从这件事开始谈起，好吗？

步骤二　针对每个成就事件逐一交流

◆ 咨询师对每个成就事件的时间、事件、角色、困难、结果（或成就）进行具体化提问，尤其要对来访者"做了些什么"进行详细询问，边听边记录在该事件中来访者表现出的能力。

◆ 你遇到最大的困难或挑战是什么？你是怎么克服的？

◆ 这个过程中有什么让你印象深刻的事吗？

◆ 在这个集体合作中，你具体负责些什么呢？

步骤三 促进来访者自我认同，引导来访者思考自我探索对其解决生涯困惑的帮助

- 通过我们的对话，你发现自己的优势有哪些？
- 我从你的故事中听到了你在求学或工作期间锻炼出了很多能力，接下来给你做个反馈：我听到了你_____等能力，我感受到你是一个_____样的人。
- 听完这些反馈之后，你有什么感受？
- 根据你的优劣势，我们头脑风暴一下做哪些工作会发挥你的优势？
- 在这次活动里你还有哪些收获和觉察？

注意事项

- ☑ 成就事件是对来访者的优势进行探索，不涉及劣势。
- ☑ 成就事件有增强自信、给来访者赋能的作用。遇到自卑、受挫的来访者，咨询师可以利用成就事件给来访者鼓励。
- ☑ 自我要求过高的来访者，明明能力出色，但听到咨询师反馈这些能力后却会否认："我没有你说的这么好。""我觉得我能力一般。"这有可能是来访者的心理防御机制所导致的，请咨询师坚定、真诚地欣赏来访者的优势，并对其表现出来的能力由衷肯定，这对来访者很重要。

65 能力倾向测验

适用范围：青少年的潜能探索

推荐指数：★★★★★

操作要点如下。

步骤一 指导语

◆ 请对以下九种智能（潜能）进行自我评分。从下列描述中选出符合你情况的语句，每句 1 分，每组 10 句，每组共计 10 分。

语言智能（共 10 分，本组最后得分_____）

（1）写作能力优于其他同学
（2）善于编写故事或者善于讲故事和笑话
（3）善记人名、地名、日期或琐事
（4）喜欢文字游戏
（5）喜欢看书
（6）语文、历史对自己来说比数理化容易
（7）喜欢顺口溜、双关语、绕口令等
（8）喜欢听故事、广播等
（9）词汇比同学丰富
（10）与人交谈时善用言语

逻辑数学智能（共 10 分，本组最后得分_____）

（1）对于一件事会提出很多问题

（2）心算快速

（3）喜欢数学课

（4）对计算类游戏感兴趣

（5）喜欢象棋或其他策略类游戏

（6）喜欢逻辑题或者智力难题

（7）喜欢把事物分类或者分等级

（8）喜欢做需要思考分析的实验

（9）思考方式比其他同学更抽象化、概念化

（10）在理解因果关系方面比其他同学更清晰

空间智能（共 10 分，本组最后得分_____）

（1）可以清楚地描述出脑海中的画面

（2）阅读地图、图表比文字容易

（3）容易在陌生的地方找到路

（4）能轻松想象鸟瞰一个物体的景象

（5）画图画得比同学好

（6）喜欢看电影或其他视觉上的表演

（7）喜欢拼图、走迷宫或类似的视觉活动

（8）喜欢制作有趣的立体模型

（9）阅读时能从图画中获取更多的信息

（10）喜欢在书本、纸张或者其他东西上涂鸦

肢体运作智能（共10分，本组最后得分_____）

（1）擅长一或多种运动

（2）长时间静坐会烦躁不安

（3）善于模仿他人的动作、言谈举止

（4）喜欢拆解、组装物品

（5）喜欢触摸所见的事物

（6）喜欢跑、跳、摔跤或类似活动

（7）动作协调

（8）与人谈话时常用手势或其他肢体语言

（9）学习新技能时喜欢亲自动手练习

（10）喜欢捏黏土或进行其他手工活动

音乐智能（共10分，本组最后得分_____）

（1）能分辨出音乐走调

（2）容易记得歌曲的旋律

（3）嗓音好

（4）讲话或移动时有节奏感

（5）会无意识地自己哼唱

（6）做事或者学习时常会轻敲节拍或哼歌

（7）对外界噪声很敏感

（8）喜欢听音乐

（9）生活中如果没有音乐就会感到很无聊

（10）能弹奏一种乐器或参加了合唱团

人际智能（共 10 分，本组最后得分_____）

（1）喜欢与同伴交流

（2）认为自己是个领导者（或其他人这么认为）

（3）常给朋友提供建议

（4）当自己有困难时愿意找别人帮忙

（5）喜欢教导他人

（6）喜欢与他人一起活动

（7）有许多好朋友

（8）关心他人

（9）他人失意时愿意让你陪伴

（10）是某社团或其他团队的成员

内省智能（共 10 分，本组最后得分_____）

（1）独立、意志坚强

（2）了解自己的优缺点

（3）可以独自玩耍或学习

（4）会参加团体或研习课程以更好地了解自己

（5）有自己的特殊爱好和兴趣

（6）经常思考自己的人生目标

（7）喜欢独立工作

（8）能准确表达自己的感觉

（9）能从生活的成功和失败中学习

（10）经常沉思或者反省人生重大问题

自然探索智能（共 10 分，本组最后得分_____）

（1）课堂分享时，喜欢谈论最喜欢的宠物或任何与自然有关的事物

（2）喜欢参加户外自然、动物园或者博物馆的实地参观活动

（3）表现出对自然事物的高度敏感性

（4）主动照顾教室中的植物，如定期浇水

（5）喜欢养动植物，或从观察饲养中得到乐趣

（6）喜欢研读有关生物、自然、动植物的文字

（7）在班级里会大声呼吁动物保护或者环境保护

（8）喜欢参与自然活动，如赏花、赏鸟、收集昆虫、研究植物或饲养动物

（9）喜欢带小虫子、花卉、树叶或者其他自然物到学校与大家分享

（10）在与生命科学有关的科目中成绩良好

存在智能（共 10 分，本组最后得分_____）

（1）常花时间思考有关生命和死亡的问题

（2）喜欢阅读有关哲学、宗教和宇宙的书籍

（3）喜欢与他人讨论有关宗教、心灵和哲学等问题

（4）平时思索生命的意义比关心周遭的人更多

（5）喜欢借由写作、艺术创作等方式，表现自己对心灵、哲学及存在等话题的感觉和想法

（6）会被有关心灵、哲学或存在主题的电影、戏剧或其他表

> 演所吸引
> （7）以后想从事宗教、心灵或哲学方面的工作
> （8）曾有过特殊经验，引发了自己以更深入的方式思考生命
> （9）常花时间独处，并思考生命的意义
> （10）喜欢提出关于生命、死亡、宗教等相关的疑问

步骤二　联系生活或学习的日常表现，促进来访者对个人特质的自我觉察

◆ 这不是一个严格意义的测验，只是帮助你梳理个人特质，为你做个参考。你觉得哪些地方测得准确？能举例说说吗？
◆ 你觉得哪些地方测得不准确？能举例说说吗？

步骤三　促进来访者自我认同，引导来访者思考自我探索对其解决生涯困惑的帮助

◆ 你发觉自己的优势是哪些？
◆ 这些优势和你的学科成绩之间有什么关联？
◆ 参考大学学科的列表，我们一起头脑风暴一下，这些优势和未来的哪些大学学科有关？

注意事项

☑ 本工具的测验部分借鉴了张德聪主编的《普通高级中学生涯规划》，整合了相关研究并结合实务经验，对内容和操作步骤

做了设计和调整。

☑ 本测验使用的是加德纳提出的多元智能理论，理论基本知识请查询网络或相关书籍。

☑ 该自测表是青少年潜能的评估工具，可以连同兴趣、学科成绩等一起作为高中生选科、专业选择的参考依据。

66 学习风格测验

适用范围：所有人群的学习风格探索

推荐指数：★★★★★

操作要点如下。

步骤一 指导语

◆ 请你根据下列描述进行自我评分。从每组中选出符合你情况的句子，每句 1 分，每组 5 句，每组共计 5 分。

视觉（共 5 分，本组最后得分 _____）

（1）我喜欢在书或者笔记本上涂鸦，书上笔记本上经常有我画的各种图案

（2）我答题的时候，往往能记起在书的第几页看到过答案

（3）图书的印刷质量、字体、装订等问题会影响我的阅读心情

（4）如果我要记住某个陌生人的名字等信息，看一遍比听一遍更有用

（5）老师对授课内容进行图解或者写板书，对我理解课程有很大帮助

听觉（共 5 分，本组最后得分 _____）

（1）我只要听过一般就能记住，不需要阅读

（2）比我自己看故事，听别人讲一遍故事更容易让我印象深刻

（3）一首歌只要听几遍我就会唱了

（4）我对影视作品里的配乐比画面印象更深

（5）老师口头上的总结、讨论、交流等，更容易让我加深印象

动觉（共 5 分，本组最后得分 _____）

（1）刚买来的电子产品或玩具，我不会先看说明书，而是喜欢先动手尝试

（2）别人给我演示一遍怎么做，我的收获会更大，而且我也会找机会动手试试看

（3）我平时肢体动作比较多

（4）体育课我不喜欢听老师讲动作要领，而是喜欢先模仿

（5）想不起来一个具体的词语时，我会用手比画着帮助回忆

步骤二　联系生活、学习或工作，促进来访者对个人特质的自我觉察

◆ 这不是一个严格意义的测验，只是帮助你梳理一下你的学习风格，看看你对视觉、听觉、动觉哪方面更敏感，我们可以通过进一步讨论来加以澄清。

◆ 通过刚才的小测试，你发觉自己的学习风格是什么？

◆ 有什么例子可以印证这一点吗？

步骤三 促进来访者自我认同，引导来访者思考自我探索对其解决生涯困惑的帮助

◆ 根据你的学习风格，我们一起头脑风暴一下：如果你的学习更高效了，是因为你做了什么？

注意事项

☑ 本工具源自 VAK 学习风格[⊖]，基础知识请求助网络或者书籍。

☑ 本工具整合了相关研究成果，结合实务经验对内容和操作步骤做了调整和设计。

☑ 每个人都有自己主要的学习风格，了解学习风格有助于提升学习效果。

☑ 咨询师可以以本测试开启话题，通过引发来访者对自身日常表现的整理，帮助来访者展开自我探索。

⊖ VAK 学习风格是指学习过程中对刺激物（学习物）的惯态反应，分为视觉（visual）、听觉（auditory）、动觉（kinesthetic）三种偏好的学习风格。

67 价值观分类卡

适用范围：大学生和成人的工作价值观探索

推荐指数：★★★★★

操作要点如下。

步骤一　邀请介绍

- 为了帮助你更好地澄清"想要什么"，我想邀请你做个卡牌游戏，愿意试试吗？

步骤二　指导语

- 请遵从内心，把卡牌分成"重要""一般""不重要"3类（见图12-3）。这些卡牌交给你，卡牌上的词以你自己的理解为准。遇到任何问题可以随时和我交流。
- 有没有你很重视但卡牌上没有体现的内容？可以写在空白卡上，补充进来。

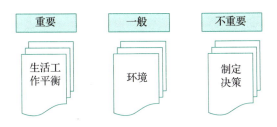

图 12-3　职业价值观分类卡牌摆放示意图

步骤三　联系生活、学习或工作，促进来访者对个人特质的自我觉察

- 先把"一般"和"不重要"的卡牌收走，我们重点看看"重要"的这些卡牌。可以说说你是如何理解这些卡牌的吗？
- （如果"重要"的卡牌多于10张）我看到"重要"下面的卡牌比较多，请给这些卡牌分类并命名。（或者如果选出6张最重要的，你会选什么？）
- 能说说刚刚你是怎么考虑的吗？
- 能分别具体地描述一下这几类或6张牌吗？

    （如"满意的收入"，多少钱是你满意的？再如"工作生活平衡"，每天工作几小时是你心中的平衡？可请来访者做具体化描述。）

- 在你过往的人生经历中，是否有得到或失去某一项或几项的经历，能说说这些经历和感受吗？
- 接下来可能是一个很难的过程，但请尝试着想想看，如果对这几类或6张牌逐一舍弃，你会先舍弃哪张牌？然后呢？（直到剩1类或1张。）

步骤四　促进来访者自我认同，引导来访者思考自我探索对其解决生涯困惑的帮助

- 这次活动是否让你对自己到底想要什么有更清晰的了解了？
- 通过刚刚工作价值观的探索，我们再看一下你现在的几个职业选择，你觉得哪个相对更符合你的心意？
- 总结一下这次活动，你有哪些收获和觉察？

注意事项

- ☑ 本工具的定位是自我探索,在摆牌、解释这两个环节,无须结合来访者现在的工作做探讨。解释就是要帮助来访者抛开现在的工作,向内探索自己认为什么重要、什么不重要。
- ☑ 工作价值观探索在有职场经验的成人个案中使用得较多,请咨询师仔细斟酌能否应用于青少年来访者。

68 生涯信念梳理

适用范围：青少年和大学生的限制性信念解构

推荐指数：★★★★

操作要点如下。

步骤一　指导语

◆ 请看看下面这些描述，是否有和你内心的想法一致的？请把它们选出来。

（1）好好学习是我的事，选专业、职业是我爸妈的事

（2）选择一个专业、职业就不能再回头了，所以一旦做了决定就不能更改

（3）我一生只能有一个适合的职业，所以千万不能选错了

（4）别人从小就知道将来要做什么，只有我到现在还没有做决定，这是不好的

（5）总会有一个测验或一位专家可以告诉我将来能做什么

（6）如果我不按照家人期待的方向去做，我会对不起他们

（7）只要有兴趣，我就一定能成功

（8）工作只要能赚钱，做什么事无所谓

（9）将来在事业上不是成功就是失败，没有介于这两者之间的职业成就

> （10）我必须完全控制自己的方向，向着定好的目标前进，不能有半点差错
>
> （11）这个世界变化得太快了，"计划未来"是不靠谱的
>
> （12）理工科和管理类的工作是不适合女性的
>
> （13）如果做不出选择，就先放在一边等等

步骤二　联系生活或学习，促进来访者对生涯信念的自我觉察

◆ 我看你选择了这句话，能说说你是怎么理解这句话的吗？

◆ 这个想法是怎么来到你的生命里的？你最早和这个想法有关的记忆是什么？

◆ 这个信念对你有什么影响？在哪些方面帮到了你？同时对你造成了怎样的限制？

步骤三　通过找例外、找反例、辩论等方式，帮助来访者解构限制性信念

◆ 试着想想看，在你的经验当中有没有例外的情况？

◆ 周围是否有和这样的信念所描述的情况不一样的人？现在做个头脑风暴，试着举一个反例，你想到了什么反例吗？

步骤四　建构新的生涯信念并促进改变

◆ 如果把上面讨论的内容做个总结，你会如何看待这样一个信念？

◆ 如果把它当作一个多年前来到你身边的朋友，从今往后你会

如何和它相处?

◆ 如果要活出不一样的自己,你觉得可以从哪些小事突破?

注意事项

- ☑ 本工具整合了相关研究,结合实务经验对内容和操作步骤做了调整和设计。
- ☑ 生涯信念是习得的,既然能习得,就能改变。
- ☑ 生涯信念往往有积极的功能,要辩证地看待限制性的生涯信念,和它友好共存也不失为一个好选择。
- ☑ 除了工具中的限制性信念,咨询师也可以在咨询中抓取来访者的限制性信念进行更具针对性的解构。

69 生涯愿景板

适用范围：所有人群的生涯目标确定和生涯意识唤醒

推荐指数：★★★★★

材料准备：图片较多的杂志、A3 纸、剪刀、胶棒、彩笔

操作要点如下。

步骤一　指导语

◆ 想象一下你理想的工作和生活状态，从这些素材中找到打动你内心的图片，拼贴出一张你的理想工作和生活状态的样子（见图 12-4）。

图 12-4　生涯愿景板样例

步骤二　通过对愿景板的描述，促进来访者对理想未来、人生意义等方面的觉察

◆ 能介绍一下这张愿景板的创作过程吗？

- ◆ 这些图片意味着什么呢？打动你的是什么？
- ◆ 如果从愿景板中提炼一些核心元素，你觉得有哪些？
- ◆ 依次去掉一些元素，保留一个你最珍视的，你会依次去掉哪些？留下哪个？
- ◆ 给这张愿景板起个名字，你会叫它什么？

步骤三　引导来访者思考如何达成生涯愿景

- ◆ 如果设定一个期限，你希望在多长时间后达成这样的状态？
- ◆ 我发现很多图片都是生活元素，那么工作对你过上这样的生活起到的作用是什么？
- ◆ 你现在的工作可以支持你过上这样的生活吗？
- ◆ （如果能）可以具体说说吗？
- ◆ （如果不能）那你觉得需要做怎样的调整？

注意事项

- ☑ 本工具可以用于寻找远期生涯目标，也常用于给青少年做生涯意识唤醒。
- ☑ 愿景板上的图片可能是某个具象的事物，也可能是来访者某种抽象的感觉。
- ☑ 比起言语探讨，这种有画面感的图片对大部分来访者更具有冲击力。

70 蝴蝶大梦

适用范围：青少年的生涯意识唤醒及生涯目标探索
推荐指数：★★★★★

操作要点如下。

步骤一　引导语

- 接下来请你发挥想象力，让你的思绪离开现在的座位，飞出学校，不用考虑现实的可能性，尽情地畅想：如果可以过不同的人生，从事不同的职业，你会选择活成哪 10 种人生，从事哪 10 种职业？古今中外的人生、职业都可以，小说文学、影视剧和动漫中虚拟人物的人生、职业也可以，试着写下 10 种人生、职业。

步骤二　通过解释和描述，促进来访者对理想自我或者职业的觉察

- 可以说说每种人生、职业吸引你的是什么吗？
- 如果给这些人生、职业做个分类，你会怎么分？
- 可以说说你划分的依据吗？（或者每一类具有哪些共同点吗？）
- 如果分别找出一个关键词概括一下每种类型，你会如何概括？
- 你希望活出来的人生、职业状态有哪些特点？

步骤三　引导来访者思考如何通过行动实现理想自我

- 我们一起头脑风暴一下，在现实世界中具有这些特征的职业

有哪些?
◆ 如果向理想中的人生迈进一小步,你想到可以做点什么尝试?

注意事项

☑ 尽量鼓励来访者多写,书写的量要足够,这样才容易找到共性特点。

☑ 不要轻易责备来访者,试着接纳来访者并帮助其对理想自我有所觉察。

71 生涯幻游

适用范围： 所有人群生涯目标的确定
推荐指数： ★★★★★

操作要点如下。

步骤一　介绍并邀请

- 为了帮你澄清生涯目标，我想邀请你体验一个特殊的活动，闭眼想象一下_____年后的生活和工作场景。想尝试一下吗？

步骤二　指导语

- 在整个活动中请闭眼，跟随我的引导语展开想象。如果有画面出现了，就轻轻地动动你的右手食指，这样我就知道可以继续引导了。活动结束之后，我会和你探讨过程中的一些细节。
- 若因为任何原因不想再继续了，你可以随时睁开眼睛退出这个活动。

> 你可以靠在椅背上或者笔直地坐着，双手放在腿上，双脚踏在地面上。好的，你觉得准备好后，请闭上眼睛，我们接下来做一下全身放松：（舒缓地）请放松头皮、眼睛、脸颊，试着感受一下脖子，调整一下头部的姿势，让颈椎压力变小，伴随着呼吸放

松双肩、胳膊、手指，放松肚子、髋关节、大腿、小腿、双脚。请再次从头到脚感受一下你的身体，觉得哪里紧张就刻意放松一下那个部位，同时保持觉察。接下来请关注你的呼吸，用你舒服的节奏，保持呼吸的平稳，同时放松身体每一部分的肌肉。

接下来我们一起做一次想象之旅，我们将搭乘时光机来到_____年后的世界，也就是20_____年的世界。请算一算此时你是多少岁。容貌有变化吗？请你尽量想象_____年后的情形，越详细、具体越好。

好，这时候是清晨，你从睡梦中醒来，先看到的是卧室里的天花板。看到了吗？它是什么颜色的？你能听到房间里有什么声音吗？接着，你下床时尝试用脚去感觉地面的温度，凉凉的，还是暖暖的？

经过一番梳洗，你来到换衣间，穿好衣服，你看一看镜子，这身衣服还满意吗？

然后你来到了餐厅，早餐吃的是什么？一起用餐的有谁？你跟他们说了什么话？

接下来，你关上家里的大门，准备前往工作的地方。你回头看一下你的家是什么样子？然后，你搭乘什么交通工具上班？

你快到达工作的地方，首先注意一下，这个地方看起来如何？从外面看是什么样的建筑？看看人来人往的人群，他们都是什么穿着打扮？迎面过来两个熟人和你打招呼，他们称呼你什么？

好，你进入工作的地方，在工位上坐下，你的办公环境如何？你注意到附近还有哪些人？他们正在做什么？

安排一下今天的行程，然后开始上午的工作。上午的工作内容是什么？和哪些人一起工作？工作时用到哪些东西？工作时你的状态如何？

很快地，上午的工作结束了。午餐如何解决？吃的是什么？和谁一起吃？午餐还愉快吗？

休息了一会儿，接下来是下午的工作，和上午的工作内容有什么不同吗？你在忙些什么？和哪些人一起工作？工作时用到哪些东西？工作时你的状态如何？

你即将结束一天的工作，直接回家还是要先办点什么事？或者有什么其他活动？

到家了。推开家门，家里有哪些人呢？晚餐的时间到了，你会在哪里用餐？和谁一起用餐？吃的是什么？晚饭后你都做了些什么？

天色已晚，你有些困了，准备睡觉了。躺在床上，回忆一下今天的工作与生活，今天过得愉快吗？如果用3个词语总结一下这一天，你会想到哪3个词？

渐渐地，你很满足地进入梦乡。我将倒数5个数字，然后，你慢慢地醒过来，静静地坐一会儿。5——4——3——2——1。

步骤三　和来访者回顾幻游的画面，促进来访者自我觉察

◆ 我们接下来对刚刚想象的要点做个回顾和梳理，请描述一下你看到的工作场景和生活场景。

◆ 你在想象中的工作状态如何？比如工作时的情绪或感受。

◆ 如果在睡觉前评价一天的工作和生活，你觉得满意吗？

步骤四　引导来访者思考幻游对于解决其生涯困惑的帮助

◆ 关于刚刚幻游的工作场景，和你现在的工作类似吗？

◆ 在你看到的画面中，能反映出你的理想职业有哪些？

◆ 假如有机会和未来的自己面对面，现在的你想问对方什么问题吗？

◆ 现在请你想象自己就是幻游中的那个人，请试着回答一下刚刚你提的问题。

◆ 最后，我们总结一下整个活动，这次想象带给你什么感受？

◆ 这次想象对你有什么启发或者帮助吗？

注意事项

☑ 本工具借鉴了金树人的生涯幻游指导语，并结合实务经验对内容和操作步骤做了调整和设计。

☑ 咨询室的环境要求安全、安静，手机静音，避免干扰。

☑ 一般情况下，短期想象通常选择5年后，长期想象选择10年后。但这个时间并不是固定的，需要咨询师结合实际咨询情况灵活把握。

☑ 为了避免来访者全程没有进入状态，导致工具无效且浪费咨询时间，请咨询师约定好"暗号"：比如来访者脑海中出现画面了就动动右手食指。

- ☑ 因活动全程需要闭眼，如果是异性来访者，咨询师要斟酌是否使用该工具。
- ☑ 不是所有来访者都适合这个工具，感性的、直觉比较好的来访者更容易进入想象。

72 愿景访谈

适用范围：大学生和成人来访者生涯目标的确定

推荐指数：★★★★

操作要点如下。

步骤一　指导语

◆ 假如你选择了 A，想象一下_____年后你的工作和生活是怎样的。

那时候你居住在哪个城市？

你在生活上怎么安排自己的时间？

你和谁一起生活？

你的工作状态是怎样的？（或者，工作和现在会有哪些不同？）

◆ 假如你选择了 B，想象一下_____年后你的工作和生活是怎样的。

你居住在哪儿？

你在生活上怎么安排自己的时间？

你和谁一起生活？

你的工作是怎样的？（或者，工作和现在会有哪些不同？）

步骤二　引导来访者自我探索后对其解决生涯困惑的帮助

◆ 总结一下，你在过程中有什么发现吗？

- 如果确定一个优选方案，你会选哪个？
- 假如你_____年后活成了你优选方案中的样子，它会给你的人生带来哪些不同？
- 经过这样一次对未来生活的想象，你发现什么对你是最重要的？
- 如果从现在开始要为你最终的选择做些准备，你能想到可以做些什么？
- 你愿意试着列一个计划吗？

注意事项

- ☑ 当环境嘈杂或网络远程咨询时，生涯幻游不方便操作，咨询师可以考虑使用愿景访谈。
- ☑ 建议当咨询师使用包括本工具在内的所有愿景类技术时，要努力帮助来访者产生画面感，这样更容易使来访者产生触动。
- ☑ 使用本工具时咨询师可以请来访者看向一堵白墙或者远处，这样更便于展开想象。

73 生涯自传

适用范围：生涯发展历程的梳理
推荐指数：★★★★

操作要点如下。

步骤一　指导语

- ◆ 能简单地讲讲你的成长经历吗？（可以追问出生在哪里，学前阶段在哪里度过，你对那里有什么记忆，谁照顾你，你的幼儿园、小学、中学、高中、大学、工作……）
- ◆ 如果给你的过往人生写一本自传，你会分成几个章节？给每个章节起一个标题，请试着梳理一下。

步骤二　通过解释和描述，促进来访者的自我觉察

- ◆ 你刚刚讲到的这段经历中，有什么让你记忆深刻的人或者事情吗？
- ◆ 你刚刚讲到在青少年和后续读书期间的经历，你认为自己最大的个人特点是什么？
- ◆ 你在童年时代有榜样或者想成为的人吗？榜样人物可以是现实中的，也可以是动画动漫、影视剧或文学作品中的虚拟人物。
- ◆ 读书的时候你曾经想象过自己的理想职业或者生活吗？
- ◆ 你这段时间有过这样的经验吗，比如会很喜欢某一种活动，经常投入其中忘记时间？

- 这个阶段如果用一个颜色或季节来表示，你觉得是什么？
- 在过往的人生中，你希望哪段人生经历可以重新来过？可以说说理由吗？
- 你是如何从这样的困境中走出来的？
- 如果给这本自传起个名字，你会叫它什么？
- 如果从你过往的人生经验中总结出你觉得最宝贵的人生智慧，浓缩成一句话，你认为这句话会是什么？
- 自传写完后，你想把它打印并送给一些人吗，你会送给谁？理由是什么？
- 如果写一个自序，你会如何描述或者评价过往的人生？请写写看。
- 我们接下来设想一下，如果给这本自传撰写续篇，你会给未来的人生设计哪几个章节？标题分别叫作什么？请想想看。

注意事项

- ☑ 很多人都难得有机会对过往的生命做认真回顾，更多时候都在忙着赶路。所以生涯发展历程的梳理其实是非常基础的工作，原则上所有个案都值得做。然而，在短程咨询中，来访者常常带有很迫切的咨询目标，希望尽快地解决某个具体的现实问题，而本工具的节奏比较慢，咨询师应根据个案情况进行权衡把握。
- ☑ 对于要做职业转型等重大改变的成人来访者，推荐对过往经历做认真梳理。

74 生命线

适用范围：重大生涯事件的回顾和分析

推荐指数：★★★★★

材料准备：画一条水平的射线，将射线平均分成若干段，每一段代表 5 年，同时在射线的左边画一条竖线作为纵坐标。

操作要点如下。

步骤一　指导语

◆ 请回顾你的成长经历，把对你有重大影响的生涯事件按照时间顺序用圆点标记在图上。将对你有积极影响的事件的点标在射线的上面，有消极影响的事件的点标在射线的下面，影响越大圆点距离横轴越远。最后把各个点按时间顺序连接起来即可（见图 12-5）。

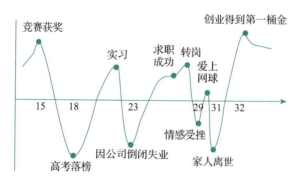

图 12-5　生命线样例

步骤二　通过解释和描述，促进来访者的自我觉察

◆ 能讲一讲你经历的这些重大生涯事件吗？

- （对于正向事件）你具备了什么能力，让你取得了这样的成绩？
- 你现在如何来看这一事件对你的影响？
- 这一事件给你带来了什么？
- 如果没有遭遇这一事件，你的未来会是怎样的？
- 你从这一事件中，获得到的最宝贵的人生经验是什么？
- 这样的经历让你有何不同？
- 你的生涯因此有何改变？
- 你对这件事有什么感受？
- 今天回想这一改变，你的感觉如何？
- 事件里有什么因素令你产生这种感受？这些因素今天仍在影响你吗？
- 这些发现对你有什么意义？
- 如果不想要……那你希望成为怎样的人？
- 你期待你未来的生命线如何发展？

注意事项

- ☑ 聆听一个人的生命故事，是向另一个生命致敬的过程。
- ☑ 回顾成就事件可帮助来访者觉察自我价值，分析过去的成功经验可让来访者看到自己的天赋才能。
- ☑ 低谷事件中往往蕴含着突破困境的能力和经验，这些宝贵的人生财富是帮助来访者此时此刻再次突破生涯困境的资源和内在力量。
- ☑ 生命线可以为技能、价值观、兴趣提供很多鲜活的生活事例，为个案顺利推动打下很好的基础。

75 彩虹图

适用范围：成人来访者生涯发展历程和生涯角色梳理

推荐指数：★★★★

材料准备：彩虹图的模板，彩笔

操作要点如下。

步骤一　介绍并邀请

◆ 接下来想邀请你做一个简单的绘图活动，帮你梳理一下你的生涯发展历程。你愿意尝试一下吗？

步骤二　指导语

◆ 首先，请试着梳理出你认为最重要的几个人生角色、身份，包括已经出现的角色，也包括未来会出现的重要角色。比如孩子、学生、伴侣、工作者等。以上仅供你参考，以形成思路，你可以根据自己的实际情况自主判断，写下你认为重要的角色。

◆ 按照每个角色出现的先后顺序，由下往上依次用不同颜色彩笔绘制，每个角色选择一个能代表你内心情感的颜色。每个角色从出现到消失，在各年龄阶段的投入度是不同的，投入度越大，色带就越宽（见图 12-6）。

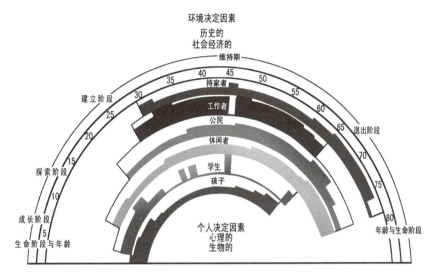

图 12-6 生涯彩虹图样例（图片来自网络）

步骤三 通过描述，促进来访者的自我觉察

- ☑ 可以讲讲你绘制时的心理历程吗？
- ☑ 你发现哪个人生阶段承担的角色最多？
- ☑ 哪个角色在你的人生中占据的时间最长？
- ☑ 哪个角色在你的人生中占据的时间最短？
- ☑ 你认为哪个角色比较重要？为什么？
- ☑ 有没有哪个角色是你一直忽略的？
- ☑ 是否发现一些你可能会承担的新角色？
- ☑ 我们聚焦一下，当下你有多少个角色？
- ☑ 当下对你最重要的角色是哪一个？
- ☑ 让你投入时间和精力比较多的角色是哪几个？
- ☑ 在颜色选择上，你有什么发现吗？比如冷、暖色分别在哪类角色上比较多?

☑ 你觉得工作者角色对你实现人生价值和意义起到了什么作用?

注意事项

☑ 本工具源自舒伯,结合实务经验对内容和操作步骤做了调整与设计。

☑ 青少年和大学生来访者的生涯角色较少,比如只有学生和孩子两个角色,在督导中我们经常遇到咨询师反馈"学生做完彩虹图感触不深"的情况。因此,在选择彩虹图前,咨询师要考虑来访者所处的年龄段。一般来说,彩虹图适用于成人来访者。

☑ 当来访者结婚生子之后,人生角色较为丰富,使用彩虹图更容易使其有觉察和触动。

76 角色饼图

适用范围：所有人群的生涯角色梳理

推荐指数：★★★★★

操作要点如下。

步骤一　指导语

◆ 请画一个圆圈，圆的面积代表你典型一天或一周的时间精力总量。想想看，你的精力分配给了哪些重要角色，分配的大致比例是多少？请试着用不同面积的扇形表示，面积越大代表该角色投入的精力占比越大（见图 12-7a）。

步骤二　通过帮助来访者对当下状态的梳理，促进自我觉察

◆ 可以分享一下你的这张饼图吗？
◆ 你看完这张图有什么发现吗？
◆ 你对现在的精力分配满意吗？
◆ 你是否新想到了某个重要角色？

步骤三　基于前期梳理和觉察对未来进行调整优化，促进改变的发生

◆ 如果再画一张饼图代表理想状况，你会如何调整这些角色的分配？请试着画画看（见图 12-7b）。
◆ 能说说你的调整吗？
◆ 我看到_____角色的时间精力分配减少了，能说说你打算如何实现吗?

◆ _____角色的时间精力分配增加了,如果最后成功地实现了这样的分配状况,你觉得是因为你做了什么?

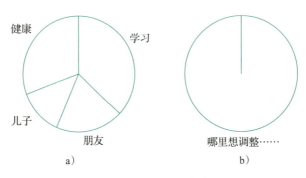

图 12-7　角色饼图样例

注意事项

☑ 该工具可以非常有效地就角色冲突的议题进行干预,经常用来帮助"觉得时间不够用了,精力分配不过来"的来访者。

☑ 如果来访者的第一张图绘制速度过快,有可能意味着来访者对各个角色的占用精力没有仔细思考,请咨询师考虑,是否要帮助来访者认真计算各个角色到底占了多少时间和精力。

77 生涯乐谱

适用范围：青少年和大学生的生涯发展阶段和角色梳理
推荐指数：★★★★★
材料准备：纸，彩笔

操作要点如下。

步骤一　介绍并邀请

- 我接下来想邀请你做一个涂鸦的活动，以便帮你规划一下你的高中或大学阶段的学习和生活。你愿意尝试一下吗？

步骤二　指导语

- 首先，请试着梳理出你认为高中或大学阶段最重要的几件事，比如学习、身体健康、爱好等。以上仅供你参考，以形成思路，你可以根据自己的内心判断写下你认为重要的事情。
- 请给每件事选择一种能代表你内心情感的颜色，接下来仿照这个样例的形式（见图 12-8）绘制一下你的规划，不同时间点对某件事的投入度是不同的：投入度越大，色带就越宽。

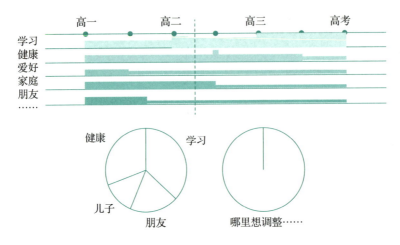

图 12-8 生涯乐谱样例（以青少年来访者为例）

步骤三　通过现状描述，促进来访者的自我觉察

- ◆ 好的，我见你画完了。可以讲讲你绘制这幅图的心理历程吗？
- ◆ 在颜色选择上，你有什么发现吗？比如冷、暖色分别在哪类事情上比较多？
- ◆ 哪件事或哪个角色占你的时间和精力比较多？
- ◆ 你认为哪件事或哪个角色比较重要？为什么？
- ◆ 我看到不同学期你在每件事上的投入度是不同的。

步骤四　引导来访者看到当下的角色分配

- ◆ 我们聚焦一下，找到你现在所处的时间点，画一道竖线。你当下投入的时间和精力比较多的是哪几件事或哪几个角色？
- ◆ 试着想想你典型的一天，请画一个圆圈，代表你的精力总量。

请试着用不同面积的扇形表示一下你的精力投放情况，面积越大代表该角色投入的精力越多。

- 可以分享一下你的这张饼图吗？
- 你看完这张图有什么发现吗？
- 你对现在的精力分配满意吗？
- 你是否新想到了某个重要角色？

步骤五　基于前期梳理和觉察对未来进行调整优化，促进改变的发生

- 如果再画一张图代表你的理想状况，你会如何调整这些角色的分配？请试着画画看。
- 好的，能说说你是如何调整的吗？
- 请你想象一下，调整之后你的状态和现在相比会有怎样的不同？
- 我看到这个角色的精力分配增加（或减少）了，能说说你打算如何实现吗？

注意事项

- ☑ 这个工具是实务工作者对于彩虹图和角色饼图的创造性整合，结合学生群体的实际情况做了具有针对性的调整。
- ☑ 有咨询师从中获得灵感，对高中生、考研的学生进行学科学习、复习精力分配的梳理和规划，比如数学、英语、语文、其他科目在各个学期、月份的安排和精力投放，让该工具变成了学习规划的得力工具。

78 测评

适用范围：所有人群的自我探索

推荐指数：★★★★★

测评就是心理测验，也被称作正式评估，常见的测评种类包括兴趣、价值观、技能、能力倾向等各方面的测评。测评是生涯咨询中用于自我探索的常用工具，在实务中通常和其他工具组合使用。有经验的咨询师经常会将测评用于以下两种特殊情况。

- 当咨询师用其他方式帮助来访者进行探索后，来访者的状况依然不清晰，这时候咨询师会补充某一类测评。
- 咨询师希望强化自己的专业形象，利用测评使来访者对咨询师和机构产生更多的信任感。

和其他自我探索工具不同的是，测评通常不在现场完成，一般都由来访者自助完成。测评使用前咨询师需要给出明确的指导语。

- 为了帮助你更好地探索自我，接下来请找一段时间完成一组心理测验。测验时间大约需要1小时，你可以接受吗？
- 请选择在安静的环境中，在头脑清醒的状态下，在不被打扰的时间段内完成测评。下次见面，我将会为你解读测评结果。

测评的使用要遵循以下生涯咨询师的伦理规范。

- ☑ 咨询师需要根据来访者的实际情况，选择恰当的测评种类。
- ☑ 对于网上的各种免费小测验，当咨询师无法判断其科学性时，请勿使用。

- 很多测评的题目和后台计分都是针对不同年龄的群体设计的，比如给成人做的测评不适用于青少年群体，反之亦然。
- 咨询师必须接受该测评研发机构的培训后，方可对测评结果进行解释。
- 解读测评结果时应避免贴标签：咨询师需要提供描述性的结果而非下定论，以一种能够帮助来访者维持和提高自尊水平的方式提供反馈。

第 13 章 对外探索类工具

79 职业兴趣代码分析

适用范围：对职业进行霍兰德职业代码的分析判断
推荐指数：★★★★

操作要点如下。

步骤一 介绍并邀请

- 通过对这几个意向职业的探索，我们接下来看看这几个意向职业和你的匹配情况。

步骤二 对意向职业进行霍兰德职业代码分析

- 你的第一个意向职业是_____，按照对工作内容的了解，请判断一下这种职业更多的时候是在"和事物打交道"还是在"和人打交道"？是在"和具体的数据打交道"，还是"和抽象的理念打交道"？
- 那么把你刚刚做的判断放到霍兰德六边形里，我们来看一下这个职业的霍兰德职业代码是_____。

金树人在 Prediger（1993）的基础上改良的六边形的潜在二元维度模式图如图 13-1。

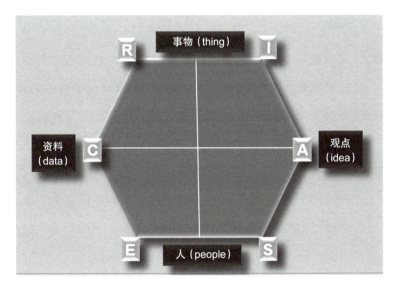

图 13-1　金树人在 Prediger（1993）的基础上改良的六边形的潜在二元维度模式图

注：金树人，生涯咨询与辅导 [M]. 北京：高等教育出版社，2007.

◆ 我们之前探索过你的霍兰德兴趣类型，现在对照这个职业的霍兰德职业代码，请你看看和你个人兴趣代码的匹配情况如何？

◆ 结合你的兴趣特质，你感觉这个工作有哪些工作内容是吸引你的，容易让你乐于投入其中的？

◆ 这个工作又有哪些工作内容是你可以完成，但并不吸引你的呢？

◆ 最后，这个工作中有哪些工作内容是你十分排斥的？

◆ 好的，那我们再看看下一个意向职业。和上面的操作相同，我们先来看看这个工作"和什么打交道"要多一些。(后面操作同上,略。)

注意事项

- ☑ 这是在查不到霍兰德职业代码的情况下,利用主观判断的方法,对职业、大学专业等进行霍兰德职业代码分析的工具。
- ☑ 保证该工具准确性的前提是需要对职业和大学专业做充分的信息探索。
- ☑ 以财务为例,财务是一个典型的"和数据打交道"的工作,在六边形里对应的霍兰德类型是 C。土木工程师是"和事物打交道""和具体的数据打交道"的工作,对应的霍兰德类型是 RI。
- ☑ 有些职业的工作内容非常复杂,会出现对应多个霍兰德类型的情况。

80 就业去向六边形

适用范围：大学生来访者对某专业毕业后的职业去向归类整理
推荐指数：★★★★★

操作要点如下。

步骤一　真诚说明情况，询问需求

- 对于你所在专业的就业去向，我并不熟悉，所以很遗憾你无法从我这里直接得到这方面的职业信息，接下来我们两个要做个分工：你对意向职业的信息做自主收集，我可以提供的帮助是和你交流收集的方式方法，共同解决信息收集过程中的难题。你觉得这样可以吗？
- 好的，高质量的职业信息对我们后面的咨询非常关键，下次见面请把收集到的信息带过来，便于我们后续进一步沟通。

步骤二　告知探索任务

- 关于你所在专业的就业去向，你能想到的信息收集途径有哪些？
- 这些方法都很棒，你可以尝试看看。我还有个常用的有效渠道，你想了解一下吗？
- 请找你的辅导员索要过去 3 年的本专业毕业生就业去向的数据和信息，参考下面这个样例，对师兄师姐的就业去向进行分类整理。你可以借助网上的招聘信息和对各种职业的介绍，尤其是对和你兴趣类型匹配的职业，尽量整理得细致些（见图 13-2）。如果遇到不确定的内容，你可以下次带来，我们一起探讨。

图 13-2　地球科学领域的霍兰德职业兴趣六边形

注：刘慧. 高校生涯教育精准化管理与实务 [M]. 南京：南京大学，2018.

步骤三　沟通探索结果，探讨有何其他收获，明确职业去向

◆ 很高兴看到你整理得这么好，你是怎么做到的？

◆ 有什么你无法确定的内容，需要我们一起探讨吗？

◆ 你整理完这个图表，对本专业有什么新的认识？

- ◆ 你对未来的职业去向有了哪些发现？
- ◆ 和你兴趣匹配的这些工作中，有你想进一步了解的吗？
- ◆ 你发现哪些用人单位是你感兴趣的？
- ◆ 接下来想尝试些什么吗？

注意事项

- ☑ 该工具引用自南京大学刘慧《高校生涯教育精准化管理与实务》地球科学领域的霍兰德职业兴趣六边形。
- ☑ 在用于不喜欢自己专业的来访者时，该工具可以增强来访者对本专业的认同感，来访者会发现，不管"我是什么兴趣类型，毕业后都有机会做感兴趣的职业"。
- ☑ 建议高校统一整理职业去向后供本校咨询师和学生查询使用，在咨询实务中我们发现学生普遍不了解这方面的信息。

81 职业探索三问

适用范围：大学生的职业探索

推荐指数：★★★★★

操作要点如下。

步骤一　真诚说明情况，确认需求

◆ 对于你想要了解的职业，我并不熟悉，所以很遗憾你无法从我这里直接得到你想要的职业信息。我能提供的帮助是和你探讨一下要查询哪些职业信息，查询的方法是什么。你需要这方面的帮助吗？

步骤二　告知探索任务，并结合来访者的困惑对要点做以简要说明

◆（如果需要）接下来需要你自主完成意向职业的信息收集工作。下次见面请把结果带过来，这样方便我们后续做进一步沟通。

◆ 好的，为了支持你顺利地完成信息收集，我们现就表格上的三个关键问题做个简单梳理，整理出接下来的工作重点和思路（见表13-1）。

表 13-1　职业探索三问

1. 你目前都有哪些工作机会？可以想想，整理一下：

如果不清楚，推荐以下途径。
- ☑ 就业去向六边形
- ☑ 辅导员（容易被忽略的身边最有效的资源，拥有大量真实就业信息、案例、内推机会）
- ☑ 师兄师姐（简单高效的好方式，但记得要找靠谱的人）
- ☑ 学校的就业网（最贴近实际情况，上面写的都是你身边的事）
- ☑ 学职平台（教育部公布的应届生大数据平台，是查询就业方向等全国信息的权威平台）

2. 上述工作机会中，你想了解哪些信息？
下面是常见的探索模块（但不限于此）。

行业	组织	职位
◆ 现状与发展趋势	◆ 性质及概况	◆ 工作内容
◆ 该行业代表性企业	◆ 企业文化	◆ 任职要求
◆ 关键岗位	◆ 晋升通道	◆ 晋升通道
◆ 一般组织架构	◆ 行业地位	◆ 薪酬福利
◆ 薪酬情况	◆ 企业发展前景	◆ 地域
		◆ 其他：

3. 如果想获取上述信息，你之前偏好的收集途径是什么？你可以优先考虑使用自己比较熟悉的方式。如果想不起来，你可以参考以下的提示。
- ◆ 上网查：招聘网站、百度、知乎
- ◆ 找人问：家人、老师、师兄师姐、同学、采访从业者
- ◆ 去实践：协会、俱乐部、行业展览、招聘会
- ◆ 其他：

（续）

熟悉的可能不是最好的。如果你对上述方式不满意，以下是来自业内人士推荐的途径，供你更高效地收集信息，解锁新技能，不妨一试。

你如果想求职：
- ☑ 学校的就业网（最贴近实际情况，上面写的都是你身边的事）
- ☑ 隔壁同类型高校的就业网（有些不在你们学校招聘的用人单位，可能会去隔壁学校招聘）
- ☑ 前程无忧（校园招聘权威网站，有校招信息、实习信息、面试经验）
- ☑ 应届生求职网（校园招聘网站的老牌明星网站，有校招信息、实习信息、面试经验）

你如果想查询职业信息：
- ☑ 学职平台（教育部公布的应届生大数据平台，是查询就业方向等全国信息的权威平台）
- ☑ O*NET Online（全世界最大的职业信息数据库）
- ☑ 生涯人物访谈（最受专业人士推崇的方式，即发动周围人推荐从业者，对其进行采访）
- ☑ 辅导员（容易被忽略的身边最有效的资源，拥有大量真实就业信息、案例、内推机会）
- ☑ 师兄师姐（简单高效的好方式，但记得要找靠谱的人）
- ☑ 薪酬数据免费资源（中国薪酬网、蜜蜂学堂）

步骤三　再次见面时沟通探索的结果，探讨有何其他收获

- ☑ 很高兴看到你整理得这么好，你是怎么做到的？
- ☑ 你在整理过程中，有什么发现或者新的认识？
- ☑ 这些工作中有你想进一步作为目标的职业吗？
- ☑ 如果向目标迈进一小步，接下来你想尝试做些什么？

注意事项

- ☑ 大学生群体缺乏职场经验，在实务中我们发现在布置职业探索的任务时，经常要告知其很多基础常识。于是我们把基础常识做整理，形成了本章的工具，咨询师可以将表格提前打印出来放在咨询室案头。
- ☑ 因表格里的内容经过一定简化处理，来访者可能会看不懂或者觉得看上去很麻烦，建议咨询师帮助来访者把这几个问题现场过一遍，圈出各个问题的重点，这样可以减轻来访者的心理负担。
- ☑ 不同的来访者信息收集的偏好和能力是不同的，比如内向的来访者喜欢自己查，而外向的来访者喜欢找人问。在此提醒咨询师尊重来访者的个人偏好，这样更便于帮助来访者在短程咨询的互动中发展出一套自己的职业探索方法。

82 升学探索三问

适用范围：大学生的学业探索

推荐指数：★★★★

操作要点如下。

步骤一　真诚地说明情况，确认需求

◆ 对于你想要了解的升学方向，我并不熟悉，所以很遗憾你无法从我这里直接得到你想要的信息，我能提供的帮助是和你探讨一下要查询哪些信息、查询的方法是什么，你需要这方面的帮助吗？

步骤二　告知探索任务，并结合来访者的困惑对要点做说明

◆（如果需要）好的，接下来需要你自主完成相关信息的收集工作，下次见面请把结果带过来，这样方便我们后续做进一步沟通。

◆ 好的，为了支持你顺利地完成信息收集，我们现就表格上的三个关键问题做个简单梳理，整理出接下来的工作重点和思路（见表13-2）。

表 13-2　升学探索三问

1. 你目前有哪些意向专业？可以想想，整理一下：

如果不清楚，推荐以下途径。
- ☑ 辅导员（容易被忽略的身边最有效的资源，拥有大量真实就业信息、案例、内推机会）
- ☑ 师兄师姐（简单高效的好方式，但记得要找靠谱的人）
- ☑ 学职平台（教育部公布的应届生大数据平台，是查询就业方向等全国信息的权威平台）

2. 对于上述专业，你是否有清晰的了解？如果还不了解，你想要获得哪些信息？

如果不清楚，你可以参考以下内容（但不限于此）。

专业	学校
◆ 录取分数	◆ 学校概况
◆ 发展方向	◆ 优势专业
◆ 专业排名	◆ 学费情况
◆ 师资力量	◆ 所在城市
◆ 就业情况	◆ 学校其他资源
◆ 深造情况	◆ 其他：
◆ 特别限制条件	
◆ 跨专业难度	

> （续）
>
> 3. 要获取上述信息，你想到哪些收集途径？你可以优先考虑使用自己比较熟悉的收集方式，如果想不起来，可以看看下面这些提示。
>   - ☑ 上网查：学校网站、百度、知乎
>   - ☑ 找人问：家人、老师、师兄师姐、同学、朋友、学校招生办公室电话
>   - ☑ 去实践：参观、游学、校园开放日
>   - ☑ 其他：
>
>   熟悉的可能不是最好的。如果你对上述方式不满意，以下是来自业内人士推荐的途径，供你更高效地收集信息，解锁新技能，不妨一试。
>   - ☑ 学职平台（教育部公布的应届生大数据平台，是查询就业方向等全国信息的权威平台）
>   - ☑ 辅导员（容易被忽略的身边最有效的资源，拥有大量真实就业信息、案例、内推机会）
>   - ☑ 师兄师姐（简单高效的好方式，但记得要找靠谱的人）

步骤三　再次见面时沟通探索的结果，探讨有何其他收获

- ◆ 很高兴看到你做得这么好，你是怎么做到的？
- ◆ 你在探索过程中，有什么发现或者新的认识？
- ◆ 这些专业中有你想进一步作为升学目标的吗？
- ◆ 如果接下来向目标迈进一小步，你想尝试些什么？

注意事项

- ☑ 咨询师可以进一步设计完善表格内容，建议将表格打印出来放在咨询室的案头。

- ☑ 建议咨询师帮助来访者把这几个问题现场过一遍，圈出各个问题的重点，这样可以减轻来访者的心理负担，更容易轻装上阵。
- ☑ 我们要相信，来访者在见到咨询师时并不是白纸一张，来访者在 20 多年甚至更长的社会生活中有自己的生存智慧。

83 生涯人物访谈

适用范围：所有人群的职业探索

推荐指数：★★★★★

操作要点如下。

步骤一 真诚说明情况，询问需求

◆ 对于你想要了解的职业，我并不熟悉，所以你无法从我这里直接得到职业信息。我能提供的帮助是和你探讨一下要查询哪些信息、查询的方法是什么，你需要这方面的帮助吗？

步骤二 沟通探索任务的要点

◆（如果需要）我们现在一起梳理一下几个关键问题。

◆ 对于你的意向职业，你觉得了解到哪些信息对你会特别有帮助？

◆ 为了获得这些职业信息，你现在能想到的方式有哪些？

◆ 除了上述方法，最常用的职业探索方式之一是采访从业者，这可以帮助你快速高效地补充网络收集信息的不足。你想做点突破，试一试这种方式吗？

◆（如果愿意）我们一起头脑风暴一下，看看如何能找到这样的人？

- ◆ 按照你的经验，你觉得采访几个人就可以帮助到你了？
- ◆ 好的，看起来你已经有了一些思路了。下面有一个表单，提供了一些操作细节，你可以带走做参考。期待我们下次见面的探索结果。

打电话给你要访谈的人，进行自我介绍并说明意图。说明调研中你感兴趣的工作类型、原因以及进行访谈所需要的时间（通常 20～30 分钟）。问题举例如下，仅供参考。

- ◆ 你是怎样决定自己的职业的？做了哪些准备？
- ◆ 这个工作要求什么技能？
- ◆ 工作中，你的主要职责是什么？
- ◆ 工作中哪些是你喜欢的？哪些是不喜欢的？为什么？
- ◆ 一个典型的工作日是什么样子的？
- ◆ 你的工作条件如何？包括时间、环境、着装等。
- ◆ 这个行业的起薪和平均水平是多少？有哪些福利？
- ◆ 你认为这个职业的发展前景如何？
- ◆ 还有哪些职业与这个行业紧密相关，什么兼职经历能让我离这个职业更近？
- ◆ 方便推荐其他专业人士谈一下吗？
- ◆ 你所在领域的"职业生涯通道"是什么？
- ◆ 本工作的哪部分让你最满意，哪部分最有挑战性？
- ◆ 对于一个即将进入该领域的人，你愿意提出特别建议吗？

特别提示

◆ 职业的正、负两方面信息，建议都做些了解。
◆ 客观和主观两方面的信息都要问，有一些行业内幕通过客观问题是无从询问的，通过主观问题比较容易获得。
◆ 通过请访谈对象推荐其他相关人士，可以扩展采访规模。
◆ 采访时如果没有听明白，不要假装听懂了，多问一句常常会有意外的收获。

注意事项

☑ 对于大学生来访者，咨询师可以将本章的工具结合"职业探索三问"一并使用。

☑ 有些来访者可能希望咨询师直接提供信息。咨询师需要首先真诚地告知自己在职业信息积累上的局限，同时说明能提供哪些帮助，询问对方是否需要后续支持。

84 岗位胜任力分析

适用范围：大学生和成人来访者对目标职业的胜任力分析

推荐指数：★★★★★

操作要点如下。

步骤一　搜索目标职业的职位描述

◆ 首先，请搜索你的目标职业的职位描述。下面为售后技术支持工程师的职位描述。⊖

售后技术支持工程师

工作职责：

1. 负责服务器、存储、AVAYA 语音设备等产品的现场安装调试；

2. 为客户提供专业的存储、语音技术支持服务和技术培训；

3. 负责对客户提出的异议进行解答和记录，并反馈给公司有关部门。

任职要求：

1. 专科及以上学历，计算机科学与技术、软件工程、通信工程、信息管理与信息系统等相关专业；

⊖ 招聘信息源自网络，仅作为样例。

> 2. 了解数据库软件、中间件软件或主机设备的相关知识，了解软、硬件设备调试、安装、维护；
> 3. 较好的团队合作和沟通能力；
> 4. 有 CCNP 认证及大型网络项目工作经验优先。

步骤二　基于招聘信息，和来访者共同探讨该职业的胜任力要求

◆ 接下来我们头脑风暴一下，以招聘信息中描述的内容为依据，看看要做好这份工作需要具备哪些能力。

◆ 我们逐句进行分析，先看工作职责的第 1 条。如果想做好第 1 条描述的工作内容，你觉得需要从业者具备哪些能力？

◆ 好的，我们再看第 2 条，你觉得要具备什么能力？

◆ 除了你刚刚提到的专业知识、沟通能力，我还发现第 2 条中需要具备问题解决、表达能力，因为为客户进行技术培训需要当众讲话。这条你还有什么补充吗？

◆ 那我们再看第 3 条……

◆ 好的，综合上述这些分析结果，看看我们一共找到了多少项能力？有专业知识、动手操作、沟通、表达、问题解决、情绪管理、团队合作等 7 项能力。你记得这其中有哪几项能力多次出现了吗？

◆ 是的，你觉得这些多次出现的能力意味着什么？

◆ 面对你接下来要做的任务，这个发现对你有何启发？

注意事项

- ☑ 如果无法精准地找到招聘信息或找到的信息不够丰富,咨询师或来访者可以用该行业有代表性的组织的相似岗位进行替代。
- ☑ 本工具尤其适用于求职前的准备,可以为简历制作和面试提供重要参考依据。
- ☑ 本工具也可以供低年级大学生、职场新人和其他在职人士为了提升目标职业能力而用。
- ☑ 为了提高分析的准确性,咨询师可以辅以从业人员访谈等方式对分析结果校正和优化。

85 工作满意度评估

适用范围：成人来访者的工作满意度评估

推荐指数：★★★★

操作要点如下。

步骤一　请来访者倾诉不满，帮助来访者总结自己想要什么

- 你刚刚提到了对现在的工作有一些不满，能说说这些不满的具体表现吗？
- 能感觉到你在这份工作中的不容易。从你的描述中，我能感受到你对……很看重。

步骤二　通过引导来访者对满意部分进行评估，促进其对工作理性评价

- 如果从列表中选出你对现在的工作感到满意的部分，你会选择什么？能具体说说吗？
- 还有什么是这个列表里没有但是对你很重要的内容，你想要告诉我吗？

步骤三　总结工作满意度，帮助来访者总结自己想要什么

- 工作了这么多年，你觉得这份工作给你带来了什么？
- 通过上述沟通，我能感受到你对……很看重。
- 结合你来咨询的生涯困惑，你有哪些新的觉察和思考？

对工作本身的满意度

1. 剔除组织机构的因素,我从事的职业是我想要的。
2. 我的能力在工作中得到了充分发挥。
3. 我看好这份工作的发展前景。
4. 我能从这份工作中获得更多的成长。
5. 我可以承受目前的工作压力。
6. 我对获得的薪资报酬是满意的。
7. 我能够从自己的工作中体验到一种成就感。
8. 我非常清楚未来的职业发展机会和方向。

对工作环境的满意度

1. 我有很好的办公环境。
2. 我对自己在组织内的人际关系感到满意。
3. 我经常能感受到上级和同事对我工作的关心。
4. 我的上级理解和支持我平衡个人工作与生活方面的需求。
5. 在通常情况下,我的同事都表现出积极的工作态度。
6. 为实现同一目标,我的同事能紧密合作。
7. 领导采用开放而诚恳的沟通方式。
8. 当我工作做出成绩时,会被看到和肯定。
9. 在工作中,我的意见经常得到领导的重视。
10. 我的部门有一种积极的团队氛围。

对组织机构的满意度

1. 总的来说,我对供职的组织是满意的。

> 2. 我看好供职的组织的发展前景。
> 3. 各项制度在执行中的公平性得到了保证。
> 4. 考核制度能够充分体现我的绩效和表现。
> 5. 我供职的组织有明确的员工晋升流程和制度。
> 6. 当我遇到问题或有困难时，可以得到上级的有力支持。
> 7. 组织内部门和岗位之间分工非常明确，职责清楚。

注意事项

- ☑ 本工具整合了相关研究，结合实务经验对内容和操作步骤做了调整和设计。

- ☑ 工作满意度评估只能用于职场人士，不适用于没有工作经验的学生。

- ☑ 来访者咨询时容易出现对现在工作的强烈不满，所以咨询师需要给予来访者宣泄的机会，对其内心的苦闷状态予以接纳和共情。

- ☑ 使用本工具时也要提醒来访者看到这份工作给自己带来了什么，帮助来访者理性地看待当下的处境。

86 家庭职业图谱

适用范围：青少年的职业探索

推荐指数：★★★★★

操作要点如下。

步骤一　指导语

◆ 请在图13-3中的"【　】"里标注家族成员和你的关系，在"_____"上标注其职业。至少写三代家庭成员。

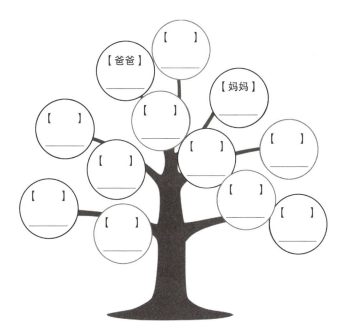

图 13-3　家庭职业图谱样例

◆ 你可以对家族成员提出以下问题，并对家庭成员的职业信息进行整理。

---

1. 这份工作的"一个典型的工作日"是什么样子的？
2. 你的工作条件如何？包括时间、环境、着装等。
3. 你认为这个职业的发展前景如何？
4. 从事这个工作要求什么资格条件？
5. 工作中哪些是你喜欢的？哪些是不喜欢的？为什么？
6. 你是怎样决定自己的职业的？
7. 本工作的哪部分让你感觉最有乐趣？哪部分最有挑战性？
8. 能说一件你在工作中最有成就感的事情吗？
9. 在家族中，你觉得谁的工作让你感到最满意或者羡慕？为什么？
10. 你建议我将来做什么工作？

步骤二 沟通职业信息、家庭资源和家人期待等方面的探索结果，询问有何收获

◆ 可以说说你完成这个任务的过程吗？

◆ 通过和家庭成员的交流，你有什么收获和发现吗？

◆ 在你的家庭成员所从事的职业中，重复最多的是什么？

◆ 你觉得重复最多的这类职业怎么样？

◆ 你的家庭成员对你未来的职业有什么期待？

- 有哪个职业打动了你，让你想多了解或将来从事？
- 这个职业吸引你的是什么？

注意事项

☑ 家庭职业图谱是常用于青少年来访者的职业探索工具。该工具可以帮助青少年了解家族成员的职业，同时对身边的社会资源有觉察和关注。

☑ 访谈题目中设置了家庭成员对来访者的期待，长辈认为哪种工作好等问题，意在创造一个沟通的机会，让来访者了解到家人的想法和对自己的期待，避免等到高考填报志愿时因缺乏充分沟通而发生激烈冲突或仓促选择。

87 未来名片

适用范围：青少年和大学生的职业目标确定
推荐指数：★★★★★
材料准备：扑克牌大小的卡片，笔

操作要点如下。

步骤一　介绍并邀请

◆ 根据你之前职业探索的情况，接下来我帮你聚焦一下职业目标吧。

步骤二　指导语

◆ 假设三年之后，你从事了自己的理想职业，请试着给自己设计一张名片。设计之前，我们一起想想：名片上要体现哪些重要信息？你想到了什么？

◆ 汇总一下我们刚刚讨论的结果，名片上要体现组织机构、姓名、职务、手机、邮箱和工作地址。这里有几张卡片和笔，你可以边整理思路边动手试试。

步骤三　聚焦职业目标，促进行动

◆ 好的，看到你设计得差不多了。如果有的内容现在还无法确定，就先空着吧。

- 假如我是三年后你第一次见面的客户，你递给我这张名片，你会如何介绍你自己？
- 你可以想象一下从事这份工作的典型的一天吗？
- 要从事这份工作，你需要具备什么能力？

步骤四　促进行动

- 假如这张名片上的职业变成了现实，是因为你做了什么？
- 我们一起制订一个成长计划，如何？
- 这个活动基本结束了，你有什么收获？
- 你还需要从我这里得到什么支持吗？

注意事项

- ☑ 该工具可以放在职业探索之后做总结时使用，有助于来访者聚焦职业目标。
- ☑ 在名片设计过程中，当来访者遇到困难、无法顺利完成时，咨询师需要觉察有哪些方面的信息来访者还没有探索充分，并继续鼓励来访者做相关的信息收集。

第 14 章 决策类工具

88 决策准备度评估

适用范围：所有人群的决策前的准备度评估
推荐指数：★★★★★

操作要点如下。

步骤一　询问求助史

- 这个问题困扰你多久了？
- 找谁沟通过？他们说了什么？你如何看待他们的说法？

步骤二　询问咨询诱因

- 既然困扰了你这么长时间，是什么让你选择这个时候前来求助的？
- 发生了什么事使你决定来做咨询？

步骤三　询问紧迫程度

- 你希望在多长时间内做出决策？

◆ 你想在什么时间之前完成决策?

步骤四　询问自主决策权

◆ 这个选择是你自己能决定,还是需要再和家人商量?
◆ 你拥有多大的自主决策权?

注意事项

- ☑ 咨询师要根据来访者的紧迫度调整设置,比如咨询常规设置是一周一次,但如果来访者非常着急,则需要一周两次或三次。
- ☑ 提前了解决策权,会更有利于助人工作的推进。不是所有来访者都是独立决策的,比如有些学生来访者最终需要和家人商量,咨询师对此需要接纳和尊重。

89 决策平衡单

适用范围：所有人群决策前的准备度评估

推荐指数：★★★★★

操作要点如下。

步骤一　列出所有选择

◆ 好的，我们接下来画一个表格。先梳理一下你现在有哪几个选择？写在第一行。

步骤二　列出影响因素

◆ 到目前为止，整合之前所做的内外部探索，请试着总结一下，影响你做出这个选择的因素有哪些？

◆ 还有吗？不急，仔细想想看。

步骤三　分析各个影响因素的重要性，建议从 1 到 5 进行重要度打分

◆ 这些影响因素对你而言同等重要吗？接下来请给这些影响因素的重要程度从 1 到 5 进行打分，1 表示不重要，5 表示非常重要。

步骤四　设定各个选项的程度分数，建议从 −10 到 +10

◆ 假设我们选择走 A 这条路，我们一同分析一下未来的得失情况。

选了 A 之后，第一个影响因素是"得"还是"失"？如果打个分数，从 -10 到 +10 你会打几分？

第二个影响因素呢？

◆ 假如我们选择走 B 这条路，我们再分析一下选 B 未来的得失情况。

选了 B 之后，第一个影响因素是"得"还是"失"？如果打个分数，从 -10 到 +10 你会打几分？

第二个影响因素呢？

步骤五　对每个选择的分数进行加权汇总，促进来访者进行决策

◆ 我们接下来加权汇总，计算一下各个选择的最终总分。

◆ 好的，从汇总的结果来看，选择 B 对你来说获益更大。

◆ 你对这个结果怎么看？

决策平衡单的样例如表 14-1。

表 14-1　决策平衡单的样例

影响因素及重要度打分	选择 A	选择 B	选择 C	选择 D
影响因素 1（5）	+7	+9	+9	+6
影响因素 2（1）	-2	+3	-2	-8
影响因素 3（4）	-5	-8	-4	-5
影响因素 4（2）	+8	+8	-8	+1
影响因素 5（4）	+9	+1	+3	+1
……	……	……	……	……
总分				

注意事项

☑ 本工具借鉴了贾妮斯（Janis）和曼（Mann）提出的经典工

具——平衡单，结合实务经验对内容和操作步骤做了调整和设计。

☑ 使用该工具前，请确认来访者是否已经做了自我探索和对外探索。如果没做，建议先做完上述两方面的探索，再使用决策平衡单。

☑ 所有的决策都伴随着风险，决策平衡单无法帮助来访者消除风险，而是帮其梳理内心的倾向和偏好，起到使来访者内心更坚定的作用。

90 决策风格测验

适用范围：所有人群的决策风格探索

推荐指数：★★★★★

操作要点如下。

步骤一　介绍并邀请

◆ 为了帮助你判断自己的决策风格，接下来邀请你做个小测验。

步骤二　指导语

◆ 请你根据表 14-2 中的描述，按照你的日常表现回答是或否。

表 14-2　决策风格评估

描　　述	是或否
1. 我常凭第一感觉就做出决定	
2. 发现别人的看法与我不同时，我常常就不知道该怎么办了	
3. 遇到难做决定的事情，我通常会把它先放一放	
4. 做决定时，我会多方收集所必需的重要信息	
5. 我经常快速地做出判断	
6. 做事时，我喜欢有人在旁边，便于随时商量	
7. 遇到需要做决定的时候，我就紧张不安	
8. 我会将收集到的资料加以比较分析，列出可选择的方案	
9. 我经常会改变自己所做的决定	
10. 我做事时不太喜欢自己出主意	

(续)

描　　述	是或否
11. 我做事老爱东想西想，下不了决心	
12. 做决定时，我会认真权衡各项可选择方案的利弊得失，做出最好的选择	
13. 做决定之前，我一般不做什么准备，临时看着办	
14. 我很容易受别人意见的影响	
15. 我觉得做决定是一件痛苦的事	
16. 做决定时我会参考他人的意见，再掂酌自己的情况，做出最适合的决定	
17. 我常不经慎重思考就做决定	
18. 我常常在父母、家人、老师、同事或朋友催促下才做出决定	
19. 为了避免做决定的痛苦，我现在不想做决定	
20. 做决定时，我会经过深思熟虑，明确选择一项最佳的方案	
21. 我喜欢凭直觉做事	
22. 我喜欢让父母、家人、师长、同事或朋友为我做决定	
23. 我处理事情时常会犹豫不决	
24. 在已经决定了所选择的方案后，我会展开必要的行动，全力以赴去执行	

◆ （答题结束后）上述题目对应着以下 4 种决策风格，你是属于哪一种呢？请看你选择"是"的题目编号，根据在每一行上的命中率来判断一下你的决策风格。命中率越高，这种风格就越突出。

- 冲动直觉型　　1　5　9　13　17　21
- 依赖他人型　　2　6　10　14　18　22
- 拖延犹豫型　　3　7　11　15　19　23
- 客观理性型　　4　8　12　16　20　24

步骤三　结合来访者生活、学习或工作的日常表现，促进来访者的自我觉察

- ◆ 测试结果如何？你的决策风格是哪种？
- ◆ 你平时做决策时会表现出这种决策风格吗？
- ◆ 能举个例子说说吗？
- ◆ 这种决策风格给你带来了哪些好处？有什么待改进之处？
- ◆ 你如何看待自己这样的决策风格？

步骤四　引导来访者对当下决策有新的思考，促进积极行为的发生

- ◆ 假如这次重大决策你处理得比以前更好了，是因为你有了哪些突破和成长？

注意事项

- ☑ 本工具的测验部分借鉴了吴芝仪《我的生涯手册》中的决定风格评量，结合实务经验对内容和操作步骤做了调整和设计。
- ☑ 实务中我们发现很多来访者都是两三种类型的混合体。
- ☑ 拖延犹豫型风格的来访者难以坚定地做出选择，请咨询师接纳和理解，他们常常需要回去再纠结一下，咨询师不必因此认为自己业务不精而自责。
- ☑ 决策风格通常无法在短期内迅速改变，如果遇到想要改变自己的决策风格的来访者，需要告知来访者这属于心理咨询的范畴。

第15章 行动计划类工具

91 SMART 原则

适用范围：所有人群的行动计划制订

推荐指数：★★★★★

操作要点如下。

行动计划的 SMART 原则

具体明确的（specific）

可以量化的（measurable）

可实现但有一定挑战（achievable & challenging）

可行的（realistic）

有明确的截止时间（time-bounded）

咨询师：很高兴看到你从困惑中走出来，那么接下来有什么打算吗？

来访者：我要努力学习，扩大交往范围，尽快提高自己，争取将来转岗。

咨询师：看来你想得很清楚了，那我们确定一下接下来的具体行动计划，比如学习内容。这有一张表单和一支笔，请你整理整理看。

来访者边思考边做出如下计划：

（1）通过公司内外部的加速成长计划，快速提升能力；

（2）主动争取公司内部学习机会，积累更多学习资源；

（3）在演讲俱乐部锻炼表达能力；

（4）参加公司的内部培训讲师认证项目，学习并实践；

（5）获得培训收入和授课经验。

咨询师：你提到了"快速提升能力"，那具体是指哪些能力？如何提升呢？

来访者继续整理：

（1）提升专业能力，参加理财资格认证；

（2）两个月内全面复查声带问题，避免用嗓过度；

（3）把本职工作做得更加细致扎实，提升执行力；

（4）扩展视野，提升培训课程开发能力。

咨询师：如果给上面这些工作设定一个截止时间，你期望这些学习任务分别在什么时间前完成？

…………

注意事项

☑ SMART 原则的相关知识请求助网络或图书。

☑ SMART 原则本身不便于设置咨询步骤和流程，因此本节使用了案例展示的方式。

- ☑ 在大量案例的督导中,我们发现教育工作者常常喜欢用鼓励学生的方式作为咨询的结尾:"老师相信你可以的!祝你成功!加油!"咨询师祝福来访者未尝不可,但仅以口号式的鼓励作为结束,对来访者后期执行帮助有限,不如协助其制订一个可行的计划。
- ☑ 制订行动计划就是对来访者最简单有效的赋能。

92 行动计划公式

适用范围：所有人群的行动计划制订

推荐指数：★★★★★

操作要点如下。

愿景 + 技巧 + 激励 + 资源 + 行动计划 = 改变

愿景：对理想职业状态的生涯建构

技巧：达成生涯目标需要的知识和能力

激励：外在报酬或内在动机

资源：外部支持系统的协助

行动计划：完整而具体的规划

咨询师：可以说说你最后的决定吗？

来访者：嗯，我希望三年内做到企业内部业务伙伴（BP）培训经理。一年内完成转岗，成为培训专员，近期为此做好全面准备，边做边学，在专业上加速提升。

咨询师：转岗成功会给你带来怎样的改变？（愿景）

来访者：我可以更好地发挥我的能力、优势，也会在工作中找到努力的动力，不会像现在这么痛苦。我都能想象到我的工作状态会有非常大的不同，我会更积极，觉得未来更有希望。

咨询师：可以说说你完成目标的决心有多大吗？如果 10 分满分，你现在有几分？

来访者：我感觉决心非常坚定。如果 10 分是满分，目前我有 9 分。

咨询师：看来你想得很清楚了，真为你感到高兴！想想看，假如你转岗成功了，那是因为你做了些什么？这有一张表单和一支笔，请你做一个整理。

来访者边思考边做出如下计划：

（1）提升专业能力，参加理财资格认证；

（2）两个月内全面复查声带问题，避免用嗓过度；

（3）把本职工作做得更加细致扎实，提升执行力；

（4）扩展视野，提升培训课程开发能力。

咨询师：前面几条都很具体，那最后一项"扩展视野"你打算如何做呢？（技巧）

来访者：通过参加公司内外行业研讨会和培训活动结交朋友，建立企业内外部人脉。

咨询师：提到内外部资源，有哪些资源可以支持到你？（资源）

来访者：父母的精神、物质支持，让我可以没有后顾之忧；演讲俱乐部伙伴们的能力支持给予我信心，帮助我在专业技能上持续提升。另外我也准备了学习经费，用于能力提升和自我成长，公司内部优秀同事的工作方法也能让我耳濡目染。嗯，就这些吧。

咨询师：好的，接下来要做的事情不少，为了方便落实，请按照截止时间的先后顺序把这些零散的工作再整理一下，做

一个你接下来的个人成长计划，好吗？（行动计划）

来访者继续整理了日程：

3月12日，盘点公司"加速成长计划"里的内容，标注对自己成长有价值的部分；

3月20日，参加演讲会的主题沙龙，报名认证课程；

3月25日，找公司同事**了解保险和理财资格认证的相关情况，并准备备考；

3月29日，去医院复查声带，妥善治疗；

4月中旬，参加***行业研讨会，了解行业现状，并结识3个行业人士；

……

咨询师：第一项任务达成了，如果给自己一个奖励，你觉得什么可以激励到你？（激励）

来访者：嗯，如果能完成第一项任务，我就买那款我看上很久的项链作为奖励自己的礼物。

咨询师：好的，看来诱惑很大啊！最后为了让我也能督促你完成，你的第一个任务达成后，有什么办法能让我知道吗？

来访者：我给您发信息吧。

注意事项

☑ 该工具源自蒂姆·布里格豪斯（Tim Brighouse），结合实务经验对内容和操作步骤做了调整和设计。

- ☑ 和上一个工具类似，为了更好地体现工具如何应用，在本节中使用了案例展示进行说明。
- ☑ 在很多情况下，行动计划真正的困难不是来访者不会制订计划，而是执行不力。
- ☑ 该工具在激发执行的动力方面包含了很多心思，包括对愿景想象、激励因素、外部资源因素的考量等，具有很好的赋能作用。

第 16 章 求职准备类工具

93 就业和求学月历

适用范围：应届毕业生的就业和求学日程表
推荐指数：★★★★★

操作要点如下。

步骤一　询问来访者就业准备情况，确定是否要使用本工具

- 关于即将到来的就业季，你有什么整体规划和安排？
- 你希望从我这里得到哪些支持？

步骤二　指导语

- 除了你提到的部分，我还有其他重要的内容想提醒你一下。
- 这是一份就业和求学月历，可以帮助你统筹整个就业季的节奏。请试着在月历中找到你选择的方向，阅读并标注出每个月的重点准备内容。

8 月

考研：各招生单位招生简章、招生专业目录公布，开始积极备考。

求职：暑期实习，不断完善简历，学习面试相关技巧。

留学：提升语言成绩，选择院校和专业，制定留学方案。

公务员：关注部分省市下半年招考信息，开始备考。

村干部：各省报名时间不一，请及时关注相关省市报名及考试信息。

入伍：男兵应征报名截止于____月____日，网上报名后，经过初审初检、体检政审、走访调查、预定新兵、张榜公示等程序，最终批准入伍。

9 月

考研：公共课、统考专业课大纲发布，进行网上预报名，网上预报名时间为_____。

求职：完善求职简历，校招网络在线申请相继开始，关注心仪企业校园宣讲会及招聘信息，及时投递简历。

留学：制作个人简历，寄出联系信，根据学校要求准备材料，联络导师等。

公务员：关注部分省市下半年报考信息，做好应试准备。

村干部：关注相关省市报名及考试信息。

10 月

考研：全国硕士研究生入学统一考试网上报名，网上报名时间为_____。

　　求职：校园招聘高峰期，关注企业校园宣讲会、招聘会及网络在线申请信息。查询与自己专业紧密相关的单位信息。

　　留学：准备自荐和推荐材料，开具成绩单、绩点证明等。

　　公务员：国家公务员考试公告及职位表发布，网上报名开始，网上报名时间为_____。

11 月

....

步骤三　探讨来访者的收获

◆ 好的，看你标注完毕了。现在对于就业季的整体节奏，你心里清楚些了吗？

◆ 你觉得在哪个方面还需要和我交流吗？

注意事项

☑ 使用前请咨询师根据学校、专业的就业特点，对上述就业月历进行微调。

94 求职准备度评估表

适用范围：应届生的求职准备度评估

推荐指数：★★★★★

操作要点如下。

步骤一　询问来访者求职准备情况，确定是否要使用本工具

- ◆ 你清楚你所在专业的校园招聘集中在哪几个月吗？
- ◆ 截至现在，你都做了哪些准备呢？
- ◆ 是的，这些都很重要。如果头脑风暴一下，你觉得在此之前还要准备些什么？

步骤二　帮助来访者梳理求职准备度

- ◆ 好的，下面有一张求职准备事项清单（见表 16-1），请你根据自己的准备度从 1 到 10 打个分吧。

表 16-1　求职准备事项清单

序号	求职准备事项	自评
1	我在就业的心态上是积极、主动的	
2	我清楚自己能够胜任哪一类工作	
3	我明确地知道自己将要申请的职位、企业、行业	
4	我知道自己应聘职业的确切招聘时间段是在几月份	
5	我已经准备好了面试的服装，了解了妆发、求职礼仪等形象管理的常识	

（续）

序号	求职准备事项	自评
6	我至少知道三种获得面试机会的求职渠道	
7	我已经针对不同求职方向分别准备好了不同的个人简历，有的放矢	
8	我知道用人单位的招聘流程、面试的常用方式，并学习了面试经验	
9	我分析了目标职位的用人要求，并准备了论据证明我具备这些能力	
10	我准备好了一段 2 分钟以内的自我介绍	
11	我把简历里提及的所有内容，都准备了一段话来阐述	
12	我知道在面试前要对应聘的用人单位和应聘职位做些了解	

步骤三　明确短板，促进行动

◆ 打完分之后，你有什么发现吗？

◆ 哪几项是相对低分的？

◆ 接下来有什么具体的打算？

◆ 有哪些是需要我支持的？

注意事项

☑ 国内校招从 8 月开始，但部分行业（比如师范等）和有些地区（如云南省等）的校招启动时间比较特殊，请咨询师根据来访者的实际情况启动求职准备。

☑ 该工具也适合于春季考研落榜后要求职的同学们，可以帮助这些来访者快速做好就业准备度评估。

95 就业压力诊断

适用范围：求职受阻的来访者

推荐指数：★★★★★

操作要点如下。

步骤一 指导语

◆ 请试着结合以下常见的就业压力做个自评，每一项满分为 10 分，我们聚焦一下你的压力来自哪些方面？（咨询师可对来访者的压力进行可视化处理，见图 16-1）

（1）社会环境：面对更高学历毕业生的竞争，毕业生人数多但好的工作岗位有限等。

（2）家庭影响：家人的期待带来的压力，家庭的社会资源匮乏等。

（3）学校和专业影响：学校或专业竞争力不强等。

（4）自我认知和定位：对自己前途的迷茫和不确定。

（5）职业预期：对未来工作薪酬的期待较高，不甘心找个一般的工作等。

（6）就业能力：成绩不好，或者没有实习兼职的工作经验等。

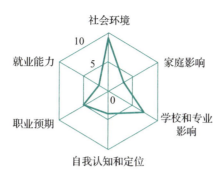

图 16-1 就业压力评估样例

步骤二　帮助来访者分析就业压力源，引导来访者宣泄焦虑情绪

◆ 能说说你打分时的考虑吗？

◆ 前三项为外部因素，后三项为内部因素，你的压力来自内部还是外部？

◆ 我能感受到你对外部因素的无奈和不满，你说的也都是实际情况，你还有什么压抑在心里的郁闷想要表达出来吗？我愿意做你的树洞。

步骤三　待时机恰当，引导来访者回归理性，采取有效行动，改变不利局面

◆ 听你说了这么多，我越来越能理解你的不易。现在你的心情好些了吗？

◆ 你说的就业竞争激烈等很多情况都是对的，只是如果停留在抱怨的状态，只能宣泄一下情绪，对你接下来的求职没有太大帮助。你觉得呢？

- 如果你觉得心情平复些了，我们可以探讨一下，基于当下的处境可以做些什么，看看有没有翻盘的机会。你觉得现在我们可以开始探讨了吗？
- 针对你的主要压力，我们逐一讨论，看看可以做些什么吧。

注意事项

- ☑ 本工具整合了相关研究，结合实务经验对内容和操作步骤做了调整和设计。
- ☑ 本工具适用于来访者求职屡屡受挫等情况，可以快速地帮来访者看到求职的压力源。
- ☑ 当来访者吐槽外部因素时，咨询师需要接纳和共情来访者的主观感受，避免进行批评教育，对咨访关系造成破坏。

96 简历影响力 4 法则

适用范围：所有人群的简历优化

推荐指数：★★★★★

操作要点如下。

> 简历本身除了要对个人情况进行介绍和说明外，还有自我宣传、赢得面试机会的营销功能，增强简历的影响力有 4 个常用法则（样例见表 16-2）。
>
> ◆ 突出关键词：例如和应聘职位有关的知名企业实习经历，要突出知名企业名称、实习岗位名称，把可以突出个人优势的名词或词组凸显出来，达到强调个人优势的目的。
> ◆ 善用动词：多用实义动词，少用"做"之类的通用词。
> ◆ 多用数字：学习成绩、实习实践等关键内容，多用数字或百分比的量化表达。
> ◆ 注明结果：注明以往工作的业绩表现、成就、奖项等结果，这是对个人能力的最佳证明。
>
> **表 16-2 使用简历影响力 4 法则对简历进行修改的前后对比**
>
> | 修改前 | 修改后 |
> | --- | --- |
> | 发放并回收新产品的调查问卷 | 对新款饮料进行市场调查，组织 15 人发出 1000 份调查问卷并有效回收 95% |
> | 协助进行现场幸运观众抽奖 | 在新品推广会现场，参与组织和安排大型抽奖活动，当天吸引 800 名潜在顾客参与活动 |
> | 收集现场客户资料 | 采用纸笔问卷、扫二维码、手机填写等不同方式，收集现场客户资料 588 份，并做了分类归档整理 |

步骤一　询问需求

- 我刚刚浏览了你的个人简历，在帮助你修改之前想听听你的需求：你期望从我这里得到什么帮助？
- 如果满分是 10 分，你会给自己这份简历打几分？你觉得有哪些做得好的地方？
- 你期望在我的帮助下达到几分？要达到这个分数，你希望我帮你重点在哪些地方进行改进？

步骤二　以求职意向为中心，聚焦目标

- 首先，这份简历需要紧密地结合你的求职意向。你是否分析过你的意向职业对从业者有什么能力要求？
- （如果没有，参考本书 84 节对意向职业进行岗位胜任力分析）好的，我们一起探讨一下这份工作最重要的能力要求是什么？
- 如果你是面试官，你看到这份简历中的哪些内容能证明此人具备这些能力？
- 你还想到哪些没写进来的学习、实习等相关经历吗？

步骤三　以一个具体经历为例，利用简历影响力 4 法则进行完善

- 在标题和描述中，我们要把知名企业名称、和求职意向相关的实习岗位等清晰地描述出来，尽量放到醒目位置，请试着找到并完善，你会如何调整？（突出关键词）
- 你的校内活动和校外实习、兼职的经验中，和应聘职业最相

关的经历是什么？请尽可能用"做"以外的动词描述这些经历。（善用动词）

◆ 数字可以特别好地突出你的表现。（多用数字）

◆ 你在学习、实习实践中获得的成绩有哪些？（注明结果）取得的收获或是个人成长有什么？

◆ 我看到了你获得过奖学金和优秀学生干部的奖励，有百分之多少的同学可以获得这个荣誉？如果把这个"前**%"标注在奖项后面，假设你作为简历的阅读者，你的感觉会如何？

步骤四　鼓励来访者举一反三，自主完善后续内容

◆ 总结一下上面我们讨论的内容，简历内容要紧密围绕求职目标，撰写时突出关键词，善用动词，多用数字，注明结果。根据刚刚样例，其余部分请你自己试着调整看看。

97 面试 STAR 法则

适用范围：所有人群的求职准备

推荐指数：★★★★★

操作要点如下。

> STAR 法则用于描述事件，该法则被面试官所青睐，用以收集应聘者和某项工作有关的能力等信息，因此也是应聘者自我展示和面试准备的重要工具。
>
> STAR 法则具体包含以下几个方面。
>
> 当时的背景（situation）：这件事情是在什么情况下发生的；
>
> 面临的任务（task）：你是如何明确你的任务的；
>
> 采取的行动（action）：针对这样的情况分析，你采用了什么行动；
>
> 取得的结果（result）：结果怎样，在这样的情况下你学习到了什么。

咨询师：通过你之前探索的情况，这份工作最重要的能力要求是什么？

来访者：教学技能和相关的经验是最重要的。

咨询师：那你有什么相关的经历，可以证明自己在教学技能方面的优势吗？

来访者：我们有专门的课程和实践，我这方面成绩还不错。

咨询师：那好，面试官会重点考核这部分，很可能会请你现场试讲，需要你回去认真准备这部分。面试官也有可能请你描述一个相关经历，比如，请参考 STAR 法则，举一个你在教学技能方面的学习或实践的例子。你会如何作答呢？

来访者：（想了一会）我们这学期教学技能课，我拿了班里最好的成绩。

咨询师：能具体说说这个事情发生的背景吗？（背景）

来访者：这学期，作为师范生的必要培训内容之一，教学技能培训课要求我们自选题目并用 PPT 进行一次演示讲解。在此之前，我没有学过如何制作 PPT。

咨询师：你当时给自己安排了怎样的任务吗？（任务）

来访者：我希望尽最大努力，把演示讲解做好。我觉得实践技能对于就业非常重要，所以我在实践课上都特别认真。

咨询师：那你是怎么做的呢？（行动）

来访者：我请同宿舍的一位同学，用了大约 20 分钟教我制作 PPT 的软件的基本使用方法，我又自己在学校的电脑机房琢磨了一下，并向机房的管理人员请教了几个问题。选定了我要讲的题目以后，我上网搜索了相关的资料和图片，然后制作了 10 分钟课程的辅助教学 PPT。

咨询师：那么结果如何？（结果）

来访者：在课堂讲解演示中，由于我制作的 PPT 图片精美，文字与内容搭配适宜，我获得了 95 分的高分，得到了老师和同学的称赞。

咨询师：很棒！就是这样，你的思路很清晰。我刚刚的问题用到了 STAR 法则，从背景、任务、行动和结果进行提问，可以非常完整地把你的经历呈现出来。这也是面试官经常使用的提问法则。

注意事项

- ☑ 关于 STAR 法则的更多知识请求助网络或图书。
- ☑ STAR 法则是一种理念，不便于被设计成咨询流程或者步骤，因而在本节中用案例进行展示说明。
- ☑ 对来访者来说，在进行过往经历整理时，忌讳抄袭或者杜撰。
- ☑ 对来访者来说，关于事件的时间、参与人数等细节要回忆清楚，避免出现描述前后不一致，否则会容易被当作说谎处理。
- ☑ 对来访者来说，事件中要突出"我"做了什么，而不是"我们"做了什么。

98 自我介绍

适用范围：所有人群的求职准备

推荐指数：★★★★★

操作要点如下。

步骤一　引导来访者主动思考并表达欣赏

- ◆ 面试时的自我介绍非常关键。如果面试官让你做一个 2 分钟的自我介绍，你会怎么说？
- ◆ 对这个自我介绍你满意吗？如果满分是 10 分，你打几分？
- ◆ 如果你是面试官，你觉得这个自我介绍好在哪里？
- ◆ 我个人觉得刚刚你的自我介绍中还有其他做得很棒的地方，比如……
- ◆ 刚刚请你给这个环节打了分，你希望能达到几分？
- ◆ 如果要达到这个分数，还可以做哪些调整？
- ◆ 我也有一些建议，不知道你是否需要？

步骤二　聚焦待调整之处，进行完善

- ◆ 我们一起把刚才的探讨做个汇总。请参考下面这个结构（见表 16-3），写一个 300 字左右的自我介绍，把刚才做得好的部分整合进来。

表 16-3　自我介绍的总分总结构

总	分	总
您好，我是 ***，很荣幸有这个面试的机会，我自我介绍一下	专业能力——专业知识储备、专业技能和工作经验，突出业绩亮点	我认为自己非常适合贵公司 ** 岗位。谢谢
	综合素质——和该职位有关的性格特质、意志品质等个人优势	
	职业稳定性——对该职业和公司的认可	

步骤三　完成自我介绍部分的面试模拟

- 好的，自我介绍部分调整得非常棒，我们现在模拟一下。
- 假设我是面试官：你好同学，请做一个 2 分钟的自我介绍。

步骤四　基于模拟情况，给出反馈和建议

- 我给你做个反馈，刚刚听完你的自我介绍，我的感受是……
- 以上仅是我个人观点，供你参考。

注意事项

- ☑ 一个精彩的自我介绍，可以帮助应聘者获得面试官良好的第一印象。
- ☑ 自我介绍要围绕求职意向做设计，对目标职业做胜任力分析会更有针对性。

99 模拟面试的可视化技术

适用范围：所有人群的求职准备

推荐指数：★★★★★

操作要点如下。

步骤一　询问来访者需求

- 对于接下来的重要面试，你希望在我这里得到怎样的帮助？
- 模拟面试的想象练习有助于提升面试表现，你想模拟一下吗？

步骤二　利用可视化技术，做面试模拟的想象并对问题做回答

- 接下来请你做3次深呼吸，想象着今天要迎接一场重要的面试。
- 请你想象着吃完饭，换上面试要穿的服装，打量一下镜子里的你，你穿的是什么？
- 你拿上了几份个人简历，一路顺利地到了应聘的机构。进门后见到了前台工作人员，你面带微笑地和工作人员打了招呼，说明来面试的情况。你在等候区稍微歇息了一会儿，感受一下周围的办公环境，然后默默地调整呼吸，把自我介绍默默地在心里过了一遍。
- 前台把你带到面试的会议室，进入之前，你镇定且满怀期待

地等待和部门领导交流。推门进入会议室，你面带微笑地打招呼，礼貌地寒暄过后，开始做自我介绍。你会怎么说呢？

◆ 负责人感受到了你和其他候选人的不同，他接着问了一系列问题，请尝试着回答。

（1）大学期间你参加过哪些活动？请简要介绍一下。

（2）除了专业课外，你最喜欢的课是什么？

（3）谈谈在大学期间你印象最深刻的、觉得最成功的事。

（4）今天面试的人这么多，给我3个雇用你的理由。

（5）讲述你最敬佩的一位朋友，他有什么特征。

（6）你希望与什么样的上级共事？

（7）你有没有遇到很难相处的人？你一般如何应对。

（8）如果你应聘成功，未来3~5年的规划是怎样的？你在生活中有没有遇到过挫折？你是如何面对的？

（9）你的梦想是什么，已经做了哪些努力？举例说明你怎样获得一种技能，并将其应用于实践中。

（10）你的缺点是什么？如果淘汰了你，你认为是什么原因？你的朋友同学是怎么评价你的？

（11）你即将从事的工作是非常辛苦的，如果你的父母让你回去考公务员，你会怎么做？

（12）你对工资待遇怎么看？谈谈你对"不想当将军的士兵不是好士兵"的看法，谈谈你对基层工作的看法。

◆ 面试官问了一系列问题，非常满意地点点头。然后问你还有什么问题，你会问什么？

- 面试官回答后，今天的面试结束了。你询问了面试官什么时候有面试结果的通知，之后礼貌地告别。

步骤三　进行总结和反馈

- 对于今天的模拟面试，你有什么感受？
- 你觉得有哪些内容你做得很好，可以继续保持？
- 刚刚我看到你在……方面让人感受非常好。
- 你觉得哪些内容需要进一步完善？
- 你想听听我的看法吗？

步骤四　建议来访者多做练习，结束辅导

- 今天这个练习你也可以回家自己做，心理学研究证明在心里模拟整个面试的流程，有助于提升临场表现水平。祝你接下来面试顺利！

注意事项

- ☑ 可视化技术就是想象，使自己如身临其境。这一技术可以在短时间内有效提升来访者的表现水平。
- ☑ 如果咨询师发现来访者注意力不容易集中，在用本工具回答面试官问题之前的所有环节中，可以请其闭眼想象，闭眼更容易让注意力集中。

后　　记

我们在哪里找钥匙？

有一个醉汉醉醺醺回到昏暗的家门口，当他拿出钥匙开门时不慎将钥匙掉落。

醉汉就摇摇晃晃走到巷口的路灯下，趴在地上东摸西找。

路人经过，问他："你在找什么？"

"我在找钥匙。"

听罢，路人蹲下开始帮忙，但发现地上什么都没有。

"钥匙掉在这里了吗？"路人问道。

"不是，应该掉在家门口了。"

"那为什么在这里找？！"

"因为这里比较亮。"

这是一则深深触动过我的寓言故事。

我在咨询、督导和教学中，确实看到了不同版本的"找钥匙"的真实人生故事。

来访者和你我大都生活在一个或大或小的城市里，有着自己平凡的工作和生活。

不知道从哪天开始，我们一脚踩进生活的节奏，把自己转成了一只陀螺。

我们最后着迷于旋转本身，只顾得在路灯下忙碌，慢慢忘记了当初是要回家的。

生命似乎在等待一个机会，从宿醉中醒来。

而机会，都长成了烦恼的模样。

这是生涯咨询的起点，是来访者走进咨询室时的样子。

当满心困惑的来访者，从愁容满面到豁然开朗，

一个个鲜活的生命故事，让我更坚定地相信：

生命总有裂痕，那是光照进来的地方。

生涯咨询是一份值得投入的事业，我不知道如何用言语来表达——陪伴和见证一个生命的成长有多么的动人。

当年，讲这个醉汉寓言的人对我说：

人生真正值得做的事情，常常在昏暗的家门口，而不在明亮的路灯下。

我深以为然。

愿，我们都想起了那把钥匙掉在了哪里，

此时都走在了回家的路上。

积极人生

《大脑幸福密码：脑科学新知带给我们平静、自信、满足》

作者：[美] 里克·汉森 译者：杨宁 等

里克·汉森博士融合脑神经科学、积极心理学与进化生物学的跨界研究和实证表明，你所关注的东西便是你大脑的塑造者。如果你持续地让思维驻留于一些好的、积极的事件和体验，比如开心的感觉、身体上的愉悦、良好的品质等，那么久而久之，你的大脑就会被塑造成既坚定有力、复原力强，又积极乐观的大脑。

《理解人性》

作者：[奥] 阿尔弗雷德·阿德勒 译者：王俊兰

"自我启发之父"阿德勒逝世80周年焕新完整译本，名家导读。阿德勒给焦虑都市人的13堂人性课，不论你处在什么年龄，什么阶段，人性科学都是一门必修课，理解人性能使我们得到更好、更成熟的心理发展。

《盔甲骑士：为自己出征》

作者：[美] 罗伯特·费希尔 译者：温旻

从前有一位骑士，身披闪耀的盔甲，随时准备去铲除作恶多端的恶龙，拯救遇难的美丽少女……但久而久之，某天骑士蓦然惊觉生锈的盔甲已成为自我的累赘。从此，骑士开始了解脱盔甲，寻找自我的征程。

《成为更好的自己：许燕人格心理学30讲》

作者：许燕

北京师范大学心理学部许燕教授30年人格研究精华提炼，破译人格密码。心理学通识课，自我成长方法论。认识自我，了解自我，理解他人，塑造健康人格，展示人格力量，获得更佳成就。

《寻找内在的自我：马斯洛谈幸福》

作者：[美] 亚伯拉罕·马斯洛 译者：张登浩

豆瓣评分8.6，110个豆列推荐；人本主义心理学先驱马斯洛生前唯一未出版作品；重新认识幸福，支持儿童成长，促进亲密感，感受挚爱的存在。

更多>>> 《抗逆力养成指南：如何突破逆境，成为更强大的自己》 作者：[美] 阿尔·西伯特
《理解生活》 作者：[美] 阿尔弗雷德·阿德勒
《学会幸福：人生的10个基本问题》 作者：陈赛 主编